채소의 계절

재인 에세이

베지쑥쑥

나는 쓸모없는 사람일 때에

비로소 내가 된다.

여는 글

 차별은 몸에 깊숙하게 익어 있는 습관 같고, 상처 입기 전에는 몸에 붙어 있는 것이 자각되지 않는 피부 같다. 그래서 차별을 하고 있다는 자각 없이 차별을 하게 된다. 혼자 보는 글을 쓸 때야 어떤 걸 써도 상관없겠지만, 세상으로 내보낼 글을 쓰며 두려움에 종종 멈춰섰다. 나 자신의 무지함으로 세상에 만연한 차별에 한 술 더 얹게 되는 것이 아닐까 두려웠다. 그러나 그럼에도 불구하고 계속 써 내려갈 수 있었던 것은 발화되지 않으면 아무 일도 일어나지 않기 때문이다.

 그 말은 즉, 변할 수 있는 기회가 없다는 말이다. 나 자신을 나 혼자만 알고 있을 때는 내가 차별을 하고 있는지 알 수가 없다. 다른 이에게 발화하면서 나는 내가 차별을 하고 있다는 사실을, 차별을 할 수 있다는 사실을, 무지가 차별이 될 수 있다는 사실을 배운다. 이 책은 부끄럽고 창피하지만, 부끄럽고 창피함을 뚫고 세상 밖으로 한 발 한 발 내딛어 본 결과물이라고도 할 수 있다.

우리는 너무나 쉽게 어떤 이야기들을 나와 관계없는 일이라고 말한다. 아픈 사람이 아프게 존재할 수 없는 것이, 동물들이 당하는 학대가, 장애인들이 사회로부터 격리되는 것이, 기후위기로 인해 닥친 이례적인 장마가, 여성들이 두려움을 안고 밤길을 걷는 것이, 고독사하는 노인들이. 자신이 그런 것은 아니라고 말한다. 사회가 잘못된 것이라고 말한다. 나는 그런 사람은 아니라고 말한다.

그러나 나는 그럴 수도 있는 사람이다. 누구나 그럴 수도 있는 사람이다. 그리고 모든 것들은 다 '당신'의 이야기가 아니고, '우리'의 이야기이다.

2023년 1월 13일
채소생활자 재인

목차

	여는 글	4
3월	봄의 텃밭에 가면	11
	엄마가 해 주던 봄의 음식, 냉이 무국	13
	우리 껴안고, 서로의 손을 잡고	16
	걷다 보니	20
	딸부잣집 딸의 변	22
	따뜻한 사람	25
	동생을 집에 부르는 쑥튀김	28
	편의점의 아저씨들	31
	아빠도 좋아하는 채식 반찬, 새송이버섯 간장절임	34
	서로를 이해할 수 없어도,	36
	우리는 어디로 향하는 걸까	39
4월	아무도 닿을 수 없는 곳	43
	엄마의 주먹밥, 나의 김밥	45
	당근덕후의 당근 주먹밥	48
	말 없는 아빠의 목소리	50
	명사부터 통찰까지	52
	다정한 그가 좋아하는, 유부초밥	54
5월	포켓몬 빵을 찾는 사람들	57
	착각일지도 모른다	60
	편의점 알바할 때 먹는 단골 도시락 메뉴, 오리엔탈 드레싱 덮밥	64
	달리기와 글쓰기	66
	셰프의 자격	68

	다지다 보면 마음의 평안이 찾아오는, 템페 마늘종 볶음 고추장	71
6월	나는 괜찮은 척하며 살았다	75
	우리는 도망치듯 그곳을 빠져나왔다	80
	신이 있다면 이렇게 묻고 싶다	85
	여름이 온다	87
	입 안에서 터지는 사소하지만 확실한 기쁨, 초당옥수수 만두	90
7월	채소생활자	95
	채식을 처음 시작하는 사람들에게, 초간단 콩국수	98
	먹는 습관	101
	결	104
	동거인과 함께 먹은 토마토 덮밥	106
	나는 왜	108
	성공한 덕후	109
	세계 최고 요리사가 해 주던 김치 토마토 파스타	112
	러브버그 대소동	115
	34년이 담겼을지도 모른다	118
	무더위를 날려 줄 냉 토마토 파스타	122
8월	보이지 않는 날들	125
	미워하지 말아요	127
	시간이 지나야만 되는 것	130
	엄마손은 약손	132
	엄마를 위한 채소죽	134

	이상한 사람들	135
	할머니가 생각나는 무말랭이 무침	140
9월	답을 구하지 않는 질문	143
	요리 초보도 할 수 있는 칼국수	146
	인생엔 빈틈이 있게 마련이야	147
	삼천포	149
	아파야만 닿을 수 있는 곳	152
	아플 때 몸도, 마음도 어루만져 주는 감자양배추스프	156
	누구에게나 좋은 것을 받을 권리가 있다	158
	쌀쌀한 바람이 불 때, 감자 옹심이	160
10월	해 봐야만 아는 사람	163
	때로는 좋은 조연이 될 필요가 있다	166
	사랑할 수 없는 두 사람	171
	노동자들	174
	정상과 비정상	179
	의외로 잘 어울리는 재료의 조합, 고구마톳밥	184
	뭣이 중헌디	186
11월	살아 있는 한, 살아가는 한	191
	우연한 삶이 주는 선물	194
	우연히 만난 레시피, 토란 굴림만두	196
	미뤄두었던 안부를 물었다	198
	좋아하는 일을 하세요!	201
	좋아하는 맛, 들깨크림 파스타	204

	함께 살아간다	207
	기브 앤 테이크	209
12월	나는 당신을 믿어요	213
	엄마는 그런 사람 아니거든	217
	메리크리스마스	221
	연말에 함께 하면 좋을, 세발나물 유자 샐러드를 곁들인 방울양배추 페스토 파스타	223
	참 잘했어요	227
	두 번째 바람이 불어왔다	230
1월	좋아질 기회	235
	고추장아찌를 색다르게 먹는 방법, 콩전	240
	명함을 갈망하던 사람	242
	2인분의 노력이 필요한 일	246
	살아 있어요	251
	달달한 겨울무로 만드는 무 크림 수프	256
2월	집 아닌 집	259
	경험하지 못한 고통과 슬픔	263
	맛있는 사람이 되기 위한 일모작	266
	노천탕 아줌마들	270
	어떤 재료든 푸근하게 감싸안는, 묵은지 말이밥	274
	닫는 글	276
	추천사	281

3월

봄의 텃밭에 가면

 외투를 입어도 추운 아침, 외투를 벗어도 더운 오후가 하루 이틀 길어지면 마음이 부산해진다. 겨울 동안 잊고 있던 텃밭을 돌보아야 할 계절이 다가오기 때문이다. 우리가 봄을 느끼기 전에 밭에 먼저 봄이 온다. 날씨가 쌀쌀해도, 주변은 아직 무채색뿐이더라도, 절기가 입춘으로 바뀌면 흙은 슬슬 몸을 풀고 초록을 품고 있다. 흙이 풀리기 시작하면 '이때다!' 하고 밭에 가서 냉이를 캔다. 냉이는 가을에도, 겨울에도 밭에 있지만 이듬해 봄이 되어 나오는 냉이가 가장 야리야리하고 맛있다. 새로 싹을 틔운 친구들이기 때문이다. 눈 내린 밭의 하얀 눈을 살살 걷으면 그 안에 숨어 있던 냉이가 반갑게 초록을 드러낸다. 호미로 주변 흙을 살살 긁어주면 기분 좋은 흙내음을 뚫고 달큼한 냉이향이 난다. 차갑고 건조한 공기 사이로 냉이향이 주변을 가득 메우면 행복해지려고 노력하지 않아도 행복해진다.

 겨울 동안 호미를 잡지 않던 손에 호미를 쥐여 주면, 손이 호미질을 기다려왔다는 것이 느껴진다. 리듬에 맡겨 신나게 냉이를 캐다 보면 꼭 욕심을 내게 된다. 그렇게 한 바구니 가득 캐서 집에 돌아온다. 캘 때는 즐거워도, 다듬을 때는 후회막심이다. *노지 냉이는 특히나 흙이 많이 묻어 있어서 10번을 씻어도 계속 흙이 나오는 마법이 펼쳐진다. '절대 다음에는 이렇게 많이 캐지 말아야지'하고 다짐해도 다음번 밭에 가면 또 잊어버리고 실컷 캐온다.

봄의 밭에는 냉이만 있는 것은 아니다. 혹독한 추위를 견뎌낸 마늘과 양파가 있다. 춥지 말라고 이불로 덮어준 볏짚 사이를 뚫고 마늘과 양파가 빼꼼히 얼굴을 드러내면 만면에 미소가 지어진다. 겨울을 보내느라 고생했다고 모아두었던 오줌을 물에 희석해서 뿌려 준다. *오줌액비를 뿌려 주면 어떤 날은 밭에서 김이 모락모락 난다.

반가운 만남도 잠깐! 한 해 텃밭 농사 중 가장 힘이 많이 들어가는 작업을 시작할 때이다. 3월 중하순에 감자를 심어야 하기 때문에 감자가 누울 자리를 미리 마련해 놓아야 한다. 호미의 큰 버전 같이 생긴 괭이와 삼지창처럼 생긴 쇠스랑을 이용해 땅을 부드럽게 뒤집어 준다. 땅을 갈아 주면 그동안 사용하지 않은 근육들이 기분 좋게 뻐근해진다.

생명력을 가득 품은 봄 밭은 추위에 움츠러들었던 몸의 구석구석을 깨워줄 뿐 아니라, 겨울만 되면 우울해지는 나를 언제 그랬냐는 듯이 웃게 한다.

밭이 한없이 나를 품어 준다. 내가 밭을 돌보는 것이 아니라 밭이 나를 보살피고 있다.

---

*노지: 지붕 따위로 덮거나 가리지 않은 땅
*오줌액비: 사람의 오줌을 묵혀서 만든 액체 상태의 비료

엄마가 해 주던 봄의 음식, 냉이 무국

 시장을 보고 온 엄마의 검정 비닐봉지에 냉이가 한가득 들어 있다. 봄이 왔다는 소리다. 엄마는 냉이를 내밀며, 냉이 상태가 너무 좋아서 사지 않을 수 없었다는, 요구하지도 않은 변명을 보실보실한 웃음과 함께 수줍게 늘어놓으며 냉이 튀김을 해달라고 나를 구슬린다. 냉이 튀김은 "너가 하는 게 제일 맛있다"라는 말을 하면 어떻게 해 주지 않을 수 있단 말인가! 그렇게 봄에 만난 냉이로 나는 튀김을 하고, 엄마는 무국을 끓인다. 봄나물을 사랑하는 엄마에게서 끼니를 거르지 않고 얻어먹으며 살아온 덕분에 매해 냉이 무국을 먹으며 봄을 맞았다. 겨우내 혹독한 추위를 견뎌내고 단맛을 한껏 품어낸 무와 향긋한 냉이로 끓인 국을 한 입 떠 먹으면 내 마음에도 따뜻함이 흘러들었다. 이 음식은 간단하면서도 호불호가 잘 갈리지 않는 음식이라 주변 사람들에게도 종종 해준다. 이렇게 엄마가 해 주던 음식을 사랑하는 이들에게 해 주며, 사랑이 흐르고 흘러 이제 이 음식에 또 다른 시간이 쌓인다. 다른 건 몰라도 무국은 엄마가 가르쳐준 대로만 하면 제법 엄마가 한 맛이 난다. 우리 엄마가 해 준, 나를 만든 8할의 맛이 궁금하다면 한 번 해 보시길.

엄마가 해 주던 봄의 음식, 냉이 무국

재료
무 1/4개(1kg기준), 냉이 300g(한 봉지), 참기름 1큰술, 생콩가루 1컵, 조선간장 1큰술, 소금 1작은술, 물 3컵

조리과정
① 무는 깨끗이 닦아 0.5cm 두께, 새끼손가락 길이로 채 썬다. 무는 껍질에 단맛이 많이 들어 있기 때문에 껍질을 벗기지 않고 닦아 준다.

② 무와 참기름 1큰술, 조선간장 1큰술을 냄비에 넣고 골고루 버무려 약불에서 익힌다. 약불에서 익히면 따로 뒤적거리지 않아도 속까지 푹 익는다. 무가 반투명해질 정도로 익혀 준다.

③ 손질한 냉이에 콩가루 1컵을 골고루 묻힌 후 냄비에 물 3컵과 넣어 함께 끓인다.

④ 한소끔 끓어오르면 소금 1/2작은술을 넣어 준다. 생콩가루는 부글부글 끓어오르는 성질이 있기 때문에 뚜껑을 닫아 놓으면 금방 넘쳐 오른다. 한소끔 끓어오를 때까지는 딴짓하지 않고 옆에 붙어 있는 편이 좋다. 사람마다 선호하는 간이 다르기 때문에 간을 보고 소금을 더 추가하도록 한다. 마지막 간은 간장이 아닌 소금으로 맞춰 준다.

우리 껴안고, 서로의 손을 잡고

 마트에 들어갈 때는 머위잎만 사려고 했다. 정말 머위잎만 사고 금방 나올 생각이었기 때문에 장바구니 없이 가볍게 들어섰다. 봄나물이 지천인 마트에 안이한 생각을 하고 들어선 나는 당해낼 재간이 없었다. 제철을 맞은 나물들이 일제히 자신을 가져가라고 손을 휘휘 저어대는 통에 몇 번을 돌고 돌았다. 봄나물들이 정신을 쏙 빼놓는 동안 손에는 미나리와 통통한 완두콩이 들려있었다. 이외에도 월남쌈에 들어갈 당근과 깻잎 기타 등등…. 장바구니를 들지 않은 게 후회가 되었지만 장바구니를 들면 이것저것 더 담고 싶어질 것 같아 가슴팍에 쌓을 수 있는 만큼 쌓아서 계산대로 향했다.

 양쪽 계산대에는 두 사람씩 있었다. 어디 계산대에 줄을 설지 간을 보다 '어디든 두 사람쯤이면 금방 계산이 되겠지' 하고 한쪽에 섰다. 앞에 선 할머니는 한창 계산 중이셨고, 뒤에 선 할머니는 그냥 서 계셨는데 두 사람 사이에 한 할머니가 고구마를 들고 자연스럽게 섰다. 내 바로 앞에 계시던 할머니와 같은 색의 외투, 같은 색의 가방을 메고, 같은 품목을 고르신 것으로 보아 두 분은 친구분이신 듯했다. 내 옆에는 딸기 한 팩을 들고 '이거 한 팩이니까 제가 먼저 빨리 계산하고 갈게요'라는 말을 준비해 놓은 듯한 중년이 호시탐탐 기회를 엿보고 있었다. 계산이 생각보다 길어지자 중년은 다른 계산대로 갔다.

손목이 시큰시큰해져 오길래 계산이 왜 이렇게 길어지나에 대해 관심을 가질 수밖에 없었다. 자연스레 시선은 점원과 계산을 하고 있는 할머니에게로 향했다. 현금으로 계산을 하려던 할머니는 주섬주섬 돈을 찾고 있었고, 같은 말을 계속 반복하는 점원의 목소리에서는 다급함과 짜증이 묻어났다.

"천 원이 모자라요, 천 원이"
"이거 빼요? 뺄까요 할머니?"

할머니를 나무라는 점원이 도리어 누군가에게 꾸지람을 당하는 것처럼 보였다. 점원의 화가 불안으로 보였고, 그 불안의 근원지는 어디일까에 대한 오지랖이 발동되었다. 빠르게 움직여야 상사가 자르지 않을 것이고, 동일한 시간에 하나라도 더 계산해야 동료가 다른 계산대를 여는 불상사가 발생하지 않을 것이고, 자신을 막 대하는 손님은 이미 떠나갔지만 점원은 그 손님을 미처 떠나보내지 못한 채, 그 모두에게 꾸지람을 당하며 함께 일하고 있는 것처럼 보였다.

점원에게서 목격한 불안은 어딘지 익숙했다. 실제로 가야 할 곳에 가지 못하고 엉뚱한 곳에서 내뿜어지던 화들. 바리스타를 향해 짜증을 내는 여인에게서 보았고, TV 모니터를 보며 화를 쏟아내는 아빠에게서 보았고, 전화기를 든 아저씨의 목소리에서 보았다. 그들이 뿜어내는 화는 어쩐지 실제로 벌어진 일에 비해 커 보였고, 그러면 그럴수록 화의 모습을 한 불안이 더 선명하게 보였다.

불안 더미에서 드디어, 물음표를 달고 답을 구하지도 찾지도 못한 채 머릿속에 돌아다니던 장면들의 마지막 조각을 찾았다.

며칠 전이었다. 약속 시간보다 먼저 도착한 카페에서, 들으려고 노력하지 않았지만 옆 테이블에 앉은 두 중년의 대화를 들었다. "저기 옆에 스타벅스는 젊은 애들이 다 죽치고 앉아 있어서 자리가 하나도 없잖아. 그런 게 장사가 잘되는 게 아니야."

그 말은 장사가 잘되지 않는 상황을 걱정하고 있는 말이었지만, 어쩐지 내 귀에는 젊은 애들이 모든 자리를 다 차지해서 자신들은 갈 곳이 없다는 말처럼 들렸다. 그 말은 물음표를 달고 내내 나를 따라다녔다. 오늘 점원을 보며 두 중년 여성이 나누던 대화에 느낌표를 찍었다. 그것은 또 다른 불안이었구나! 자신의 집에도 자신이 낳은 젊은이가 있지만, 밖에서 만나는 젊은이들은 경계해야 하는 불안.

불안으로 이득을 보는 사람은 정작 불안을 모르는 사람일 것이다. 시간이든 돈이든 사람이든, 빼앗겨 본 적도 없고 빼앗길까 봐 걱정해 본 일도 없는 사람들. 그들이 가진 여유에서는 아무리 노력해도 가질 수 없을 것 같은 빛이 났다. 그들은 이런 불안을 가져본 적이 없겠지만, 그 불안이 어떤 것인지 너무도 잘 알아서 불안을 매개로 물건을 팔고, 불안을 매개로 정치를 판다.

 우리에게 주어진 몇 안 되는 자리에 누가 앉을 것인가, 내가 앉을 자리가 없지는 않을까 불안해서 사람들은 자꾸 앞으로 앞으로 내달리며 서로를 밀쳐내고, 잡은 손을 뿌리치는 것일지도 모르겠다. 그렇게 서로를 안아주지 못한 채 엉뚱한 사람을 나무라면서 형체 없는 레이스 위를 달리며 얇은 불안을 깔고 그 위에 자리를 잡는다.

 나는 이 레이스를 끝내기 위해 오늘도 선글라스를 낀 버스기사[1]님께 "안녕하세요!"하고 인사를 건네며 버스에 오른다.

---

[1] 버스기사님들이 단순히 눈이 부셔서만 선글라스를 끼는 것은 아니라고 한다. 손님을 태우고 목적지까지 안전하게 운행하는 것이 버스기사의 역할이지만 그 속에는 말로 못할 정신노동이 수반된다. 술에 취해서 시비를 거는 승객도 있고, 다른 승객에게 피해를 주는 승객에게 그렇게 하지 마시라고 이야기를 하면 불친절하다며 민원을 넣겠다고 협박을 하는 승객도 있고, 그러다 보니 표정을 감추기 위해 선글라스를 쓰는 것이라고 한다. 참고: 허혁, <나는 그냥 버스기사입니다>, 수오서재

걷다 보니

 일주일째 하루에 만 보 이상 걷고 있다. 겉옷이 거추장스럽게 느껴질 정도로 날이 따뜻해지니 생각할 겨를도 없이 두 발은 걷고 있었고, 걷다 보니 내 두 발이 '겨우내 걷고 싶어 했구나' 하는 것을 느낄 수 있었다. 지난 4년 동안은 해가 바뀌고 텃밭에 발을 디딘 첫날 느끼던 감정이었다. 도시농부에게는 12월에서 2월까지, 거의 3개월 동안은 밭에 가도 할 일이 없는 기간이다. 흙을 밟지 않고, 손에 호미를 쥐지 않는 시간이기도 하다. 오래간만에 손에 호미를 쥐어 주면 마치 손이 이 순간만을 기다려왔다는 듯이 신나게 호미질을 해댄다. 몇 년 동안 자전거를 타지 않아도 자전거를 탄 순간 몸이 자동적으로 움직이는 것과 비슷하다.

 경험하기 전에는 내가 무엇을 원하는지 스스로 모를 수 있다. 이 감각은 자신을 다 알고 있다는 오만에서 스스로를 구해 주었다. 연인이 그랬다. 나를 만나기 전에는 자신이 이런 사랑을 받고 싶었는지 알지 못했다고. 말을 예쁘게 하는 사람이 이상형인지도 몰랐고, '대화가 통한다'라는 말을 이제까지 어떤 것인지 전혀 모르면서 사용해왔던 것 같다고도 했다. 나도 마찬가지였다. 그의 얼굴을 가만히 들여다보고, 쓰다듬고, 고요를 지나 말이 차오르면 이야기를 나누면서 깨달았다. '아! 내가 원하던 것은 이런 것이었구나. 이걸 하고 싶었는데, 그렇지 못해서 결혼생활 내내 슬퍼서 화가 나 있었구나.' 하고.

 내게 얼만큼의 시간이 주어졌는지 모르겠지만 아마 앞으로의 삶에도 다 안다고 생각했던 일들이 실은 전혀 모르고 있던 것이었음을 알게 될 것이다. 내가 원하는 것이 무엇인지에 대해 깨닫게 되는 시간들이 다가올 것을 생각하면 보물찾기를 하듯이 설렌다.

 나는 나로 살면서 무엇을 모르고 살았을까, 살고 있을까.

딸 부잣집 둘째 딸의 변

"언니가 알바 중에 가장 밝은 것 같아요."

일한 지 며칠 되지 않았을 때 손님으로부터 들은 이야기이다. 며칠 일하지 않았는데도 얼굴에 익을 정도로 자주 오는 손님이었는데, 나 못지않게 밝은 미소를 띄우고 카랑한 목소리로 그 한 문장을 내게 던져 놓았다. 워낙 자주 듣는 말이어서 이번에도 그 말이 나를 스쳐 지나가는 줄 알았다. 하지만 이번에는 그 말이 스쳐 지나가지 않고 어딘가에 고여있다가 불쑥 튀어나와 이렇게 글을 쓴다.

아마도 살기 위해 웃었을 지도 모른다는 생각이 들었다. 웃어야만 했을지도 모른다.

딸 부잣집이라고 불리우는 딸 넷 있는 집안의 둘째로 태어났다. 셋째라는 게 맞을지도 모르겠다. 네 딸의 엄마가 되기 이전에 엄마는 아이를 가진 적이 있다. 그 아이는 태어난 지 몇 시간이 되지 않아 죽었다고 했고, 성별은 아들이었다고 했다. 그 뒤로 태어난 언니는 30대 후반이 된 지금도 할머니에게 "고추 달고 나왔어야 하는데" 하는 소리를 듣는다. 증조할아버지는 막내가 엄마 뱃속에 있을 때 아빠에게 밖에 가서라도 아들 낳아오라고 하셨고, 눈치 없는 아빠는 그 말을 온 가족이 있는 곳에서 전했다. 마침 중학교 생물 시간에 성별을 결정하는 xx와 xy염색체를 배운 나는 '할아버지는 그런 것도 모르는데? 왜 엄마 탓을 해? 아빠가 문젠데. 여자를 바꾼다고 뭐가 달라지나?'라는 말을 했다. 딸 낳는 것이 미안한 것이 되는 분위기의 집안에서 예쁨 받기 위해서, 사랑받기 위해서는 필사적으로 사근사근한 사람이 되어야만 했을지도 모른다는 생각이 든다. 잘 웃고 말 잘 듣고, 집안일을 잘 도와야만 했을지도 모르겠다.

어쩌면 나만 그런 것은 아닐 것이다. 1990년에 태어난 남녀의 성비[1]만 보아도 여자는 살아남기 어려운 곳이 대한민국이라는 나라였고, 그것은 지금도 마찬가지라는 생각이 든다. 그래서인지 내가 진행하는 원데이 클래스에 오는 대부분의 여성은 잘 웃고, 호응도 잘 해주는 편이다. 가끔 무표정한 수강생을 만나면 낯설어서 긴장하게 될 정도로 일반적인 여성들은 잘 웃는다.

---

1 116.5명. '백말띠의 해' 1990년 출생아들의 성비다. 인구 총조사를 시작한 1970년 이후 역대 최고치를 기록했다. 여아 100명이 태어날 때 남는 116명이 태어났다는 의미로 자연 성비(105)를 훌쩍 뛰어넘는다.
 1980~1990년대엔 지금보다 남아 선호 풍조가 강했고, 초음파 기기가 도입되면서 태아 성감별·낙태가 성행했다. 특히 '백말띠 해에 태어난 여자는 팔자가 사납다'는 속설에 여자아이 출산을 더 기피했다. 성비 불균형은 경북(130.7), 대구(129.7), 경남(124.7) 등 영남지역에서 극심했다. 출처: 이에스더, <역대 최악 성비 '116.5' … 1990년생 백말띠의 비극>, 중앙일보, 2018.2.3.

최근에는 자칭 딸바보 아빠도 등장하고, 딸 낳으려고 셋째 넷째를 낳는 사람들도 있지만 딸을 반기는 것도 썩 반갑지만은 않다. 딸에게서 무엇을 원하는지 모르겠어서 너무 잘 알겠다. 아빠가 뇌졸중으로 1년 동안 병원 생활을 할 때, 사람들은 자주 "딸이 아빠한테 잘하네~", "딸이 있어서 아빠는 참 좋겠네."라는 말을 했다. 나는 그런 말을 들을 때마다, 욕을 한 바가지 들은 것처럼 기분이 불쾌해졌다. 칭찬이라는 말로 위장한, 선의를 가장한 말들. 나는 누군가를 돌보기 위해, 누군가의 딸이 되기 위해 태어나지 않았고, 우연에 의해 xx염색체를 가지고 태어났을 뿐이다.

나는 나로 살아가고 싶다. 나는 누군가의 딸, 누군가의 아내, 누군가의 며느리이기 이전에 '나'로 존재한다. 그리고 xx 염색체를 가진 사람도, xy 염색체를 가진 사람도, xxxy염색체를 가진 사람도, 내가 알지 못하는 무수한 존재 모두 그랬으면 좋겠다.

"여성의 98%가 직장에서 더 웃으라는 말을 들어봤다는 설문을 봤어요. 왜 항상 웃어야 한다는 압박이 그렇게 많을까요? 그게 일을 더 잘하는 거랑은 다르잖아요. 항상 웃는 사람이라곤 광대랑 소시오패스밖에 없어요." - Grey's Anatomy 시즌 16 에피소드 21

따뜻한 사람

 3월은 두 살 차이 나는 동생의 생일이 있는 달이다. 뭘 먹고 싶냐고 물었더니 김밥이면 좋겠다는 대답이 돌아왔다. 생일상인데 김밥만 내놓기는 그래서 김밥도 말고, 얼린 두부로 가라아게도 튀기고, 김치에 국수도 말았다.

 두 살 차이 나는 동생과 나는 어릴 때부터 늘 붙어 다녔다. 한 방에서 온 가족 함께 잘 때 엄마 옆자리는 늘 동생과 나의 차지였는데, 나는 오른쪽에 누워 엄마 얼굴을 오른쪽으로 돌리고, 동생은 왼쪽에 누워 엄마 얼굴을 왼쪽으로 돌려가면서 '이쪽 보고 자'라고 하던 게 기억이 난다. 엄마를 두고 경쟁을 하던 것은 물론이고, 어른들의 의도와 상관없이 비교를 당하던 일도 잦았다. 외갓집에 가면 어른들은 내게 너는 예쁘니까 시집 잘 가고, 동생에게 너는 공부 잘하니까 서울대 가라는 말을 칭찬으로 했다. 뭘 모르던 그 시절에도 저걸 칭찬이라고 하는 건가 하고 기분 나빠했던 기억이 난다. 그래도 동생을 미워할 수만은 없었다. 방학이면 하루 종일 컴퓨터 게임을 같이 하던 것도 동생이었고, 책꽂이에 책높이를 맞춰 꼽지 않는다고 머리 끄땡이를 잡고 싸우던 것도 동생이었다. 어릴 때부터 늘 같은 방을 쓰면서 살았고, 그만큼 치고박고 싸울 때도 많았지만 그랬기에 서로가 가장 힘들 때 늘 곁에 있었다. 그만큼 성인이 되기 이전의 내 기억에서 동생은 떼어놓기 힘든 존재이다.

 말도 별로 없지만, 글도 쓰는 지 몰랐는데 몇 달 전 동생이 장문의 글을 올렸다. 그 글을 읽고 좋은 글은 노력하는 사람이 쓸 수 있는 것도, 재능을 타고난 사람이 쓸 수 있는 것도 아니라는 생각을 했다. 좋은 사람만이 좋은 글을 쓸 수 있다고.

 따뜻한 사람은 노력으로 되는 것이 아니라는 생각도 들었다. 따뜻한 사람은 자신도 모르게 따스함을 풍긴다. 커피 볶는 냄새에 이끌려 나도 모르게 카페 앞에 당도하게 되는 것처럼, 따뜻한 사람은 자신이 따뜻한지 모르고 사람들은 자신도 모르게 그 사람 주변에 가 있게 된다.

 어릴 적에는 사람들이 나보다 동생을 더 좋아하는 것이 불만이었다. 왜 그런지, 뭐가 다른지 몰랐다. 이제서야 안다. 사람들은 수많은 이유를 대지만, 그 수만 가지 이유 때문에 동생을 좋아하던 것은 아닐 것이다. 똑똑해서도, 재밌어서도, 밝은 사람이라서도 아니다. 시간을 내어주고, 마음을 내어주는 사람이라서다. 따뜻함을 나눠주어 이 세상이 조금 더 살아볼 만 한 곳이라는 힘을 주고, 그렇게 또 다른 따뜻함을 잉태시키는 사람이라서이다.

나도 어릴 적 그 따뜻함을 나눔 받으면서 살았고, 동생이 나눠준 따뜻함이 있기에 살 수 있었다. 빌라 앞마당에서 검은 색종이에 돋보기를 대어 햇살로 구멍을 내며 깔깔 웃는 햇살 가득한 시간도 있었고, 헌금하려고 받은 500원을 지키려는 동생을 꾀어 아이스크림을 사 먹는 다디단 순간도 있었다. 동생이 있어서 함께 손을 잡고 학교 가는 길에 혼자일까 주눅 들지 않을 수 있었다.

내가 혼자서기까지, 내 곁에 항상 네가 있어 주었기에 나는 똑바로 설 수 있었다. 자기 몫을 남겨두지 않고 상대방을 사랑할 줄 아는 너는 분명 여러 곳에 사랑의 씨앗을 뿌렸으리라. 너를 보고 내가 살아가야 할 길을 찾는다. 이번 생에 너를 만난 것을 천운으로 여긴다.

동생을 집에 부르는 쑥튀김

 본가에서 가끔 요리를 한다. 엄마는 기름진 걸 먹는 것도 별로 좋아하지 않지만, 특히나 기름 콸콸 부어 튀김하는 걸 질색팔색한다. 그래서 튀김은 늘 내 몫이다. 튀김요리는 봄에 진가를 발휘한다. 고무를 튀겨도 맛있다지만, 봄나물 튀김은 다른 어떤 튀김 요리보다 맛있다. 그중에서도 쑥 튀김은 동생을 집에 오게 만드는 요리 중에 하나이다. 함께 밭에 갔다가 쑥을 한아름 뜯어 온 날은 쑥 튀김 먹는 날이다.

재료

쑥 300g(한 봉지), 통밀가루 2큰술(없다면 백밀가루로 대체 가능), 찹쌀가루 2큰술(없다면 밀가루로 대체 가능), 감자전분 2큰술, 가는소금 1/2작은술, 물 적당량, 튀김기름 넉넉히

조리과정

① 쑥은 아래의 단단한 심을 제거한 후 볼에 물을 받아 흔들어 씻는다. 이 과정을 두어 번 반복한 후 충분히 탈탈 털어 물기를 빼 준다.

② 통밀가루, 찹쌀가루, 감자전분과 소금을 덩어리가 없도록 물에 잘 개어 준다. 튀김가루를 사서 사용할 수도 있겠지만 비율만 잘 맞추면 집에서도 손쉽게 첨가물 없이 튀김가루를 만들 수 있다. 튀김반죽의 농도는 주룩 흐를 정도로 묽은 것이 좋다. 묽으면 눅눅하게 튀겨질 거라고 생각하지만, 묽은 편이 더욱 바삭하게 튀겨진다.

③ 잘 갠 튀김반죽에 쑥을 골고루 잘 버무려 준다.

④ 궁중 팬에 기름을 넉넉히 붓고, 달궈준 후에 적당량의 쑥을 떠서 넣는다. 기름은 튀김 반죽이 반쯤 잠길 정도가 적당하고 뜨겁게 달궈서 사용하도록 한다. 적당한 온도가 됐는지 확인하는 방법은 튀김 반죽을 한 방울 넣어보았을 때 반죽이 바로 표면으로 올라오면 적당한 것이다. 한 쪽이 노릇해질 때까지 튀긴 후 뒤집어서 반대편을 튀겨 주고, 건져낼 때는 냄비 안에서 기름기를 탈탈 털어서 건진다.

튀김할 때 느끼하지 않게 하는 방법

① 적당히 달궈졌을 때 내용물을 넣을 것
② 자주 뒤집지 않을 것
③ 건질 때 기름기를 탈탈 털어낼 것

편의점의 아저씨들

 하루 2시간씩, 4일 동안 인수인계를 마치고 혼자서 근무하는 첫 날이었다. 경쾌한 목소리로 "안녕~"하며 처음 보는 아저씨가 들어왔다. 먼저 오신 분의 물건을 봉투에 담아드리고 있는데 어느새 물건을 골라 온 아저씨가 옆에 서서 기다리고 있었다. '아이고 물건이 많네'하며 기다리는 자신을 걱정하는 혼잣말인지, 담는 수고를 하는 나를 향해 건네는 걱정인지 모를 말을 입 밖으로 내뱉었다. 앞 사람의 계산이 끝나고 뒤뚱뒤뚱 계산대로 다가와 술 냄새를 풀풀 풍기며 빨간 뚜껑의 참이슬 두 병을 계산대 위에 올려놓았다. '꼰대 아니야?' 하는 생각과 함께 제발 말을 걸지 않았으면 좋겠다 바라며 계산을 하는데, 주머니에서 생각지도 못한 물건이 나온다. 수십 번은 써서 주름지지 않은 곳은 찾을 수 없는 검정 비닐 봉다리를 꺼내 주섬주섬 물건을 담고 있다. 이렇게 아저씨들과 함께하는 편의점 알바 인생이 시작되었다. 내가 일하는 편의점 맞은 편은 아파트 공사장이고, 주 고객은 중년 남성이다. 몇 년간 마주칠 중년 남성들을 다 마주치고 있다.

 일하다 느낀 것은 중년 남성도 참 가지각색이라는 것이다. 조용히 들어와서 담배 브랜드를 기어들어 가는 목소리로 말하는 사람도 있고, 중년 남성에게서는 절대 찾아볼 수 없을 것 같은 경쾌한 '솔' 톤으로 "안녕~"하며 들어와 주머니에서 비닐봉다리가 나오는 아저씨도 있으며, 매번 올 때마다 공손하게 "안녕하세요", "안녕히 계세요" 인사를 건네는 사람도 있고, 매일 장수 막걸리 두 병을 사가는 아저씨는 물류 들어오는 시간에 와서 죄송하다고 말한다. 아니, 내가 이제까지 봐오던 중년 남성들이 아닌데요? 물론 진상도 있다. 하나도 안 비슷한데 내 목소리를 따라 한답시고 애기 목소리를 내며 술 꼬장 부리는 사람도 있고, 올 때마다 '얼굴 작다'는 말을 바꿔가며 인사로 건네는 아저씨도 있다.

내가 태어나자마자 만나서, 세상을 살며 가장 많은 시간을 보낸 중년 남성은 우리 아빠였다. 그렇기에 중년 남성을 떠올리면 나는 자연스럽게 아빠를 떠올리게 되었고, 그것은 그닥 좋은 이미지는 아니었다. 감정 기복을 있는 그대로 표출하는 아빠는 언제 터질지 모르는 시한폭탄 같았고, 잘 웃다가도 방금 전과는 다른 얼굴이 되고는 했다. 그때마다 집안 식구들 모두가 숨죽여야 했다. 아빠의 심기를 건드려서 좋을 것은 없었으므로, 말 한마디도 걷는 걸음 한 발자국에도 불안이 묻어 있었다. 가끔 그는 몇 날 며칠을 방에 틀어박히거나, 손에 잡히는 물건을 있는 대로 집어던졌다. 때리지만 않았지 엄마에게 폭언을 일삼던 아빠를 아빠라는 이유로 좋아할 수만은 없었다. 내게 중년 남성의 이미지란 그랬다. 말이 통하지 않고, 꼰대이며, 자기 감정을 컨트롤하지 못해 성질을 있는 대로 부리는 다혈질인 사람이었고, 사회성이 부족한 능력 없는 낙오자였다. 불친절해서 되도록 이면 내게서 둘 수 있는 한 가장 멀리 두면 좋고, 살면서 안 볼 수 있으면 가장 좋은 인간 부류였다. 떠올려 보면 아빠라고 그런 모습만 있었던 것은 아니다. 주말이면 손수 연필을 깎아 주던 아빠도 있었고, 내 손만 닿으면 고장 나는 물건을 뚝딱 고쳐도 주었고, 산을 날아다니며 이것저것 설명해 주던 아빠도 있었고, 라면 한 젓가락 얻어먹고 싶은데 딸들 거 뺏어 먹기 미안하니까 국물만 달라고 하던 아빠도 있었고, 목마를 태워 주던 아빠도 있었다. 그러나 부정적인 기억의 힘은 강해서 내게 아빠는 언제나 애愛보다 증憎이 더 큰 사람이었다.

아빠가 아프고 나서야, 그러고도 3년이 지나서야 아빠에 대한 내 평생의 화가 조금씩 잦아들고 있다. 그러면서 납작하게 보았던, 어쩌면 잘못 보고 있었던 걸지도 모르는 중년 남성들의 개별적인, 개개인의 삶도 다시 보이기 시작한다.

아빠도 좋아하는 채식 반찬,
새송이버섯 간장절임

 아프기 전이나 지금이나 고기반찬이 식탁에 오르지 않으면 반찬 투정을 부리는 사람이 우리 아빠다. 아빠가 얻게 된 뇌졸중이라는 질병은 식생활과 관련이 큰 질병이라 간병하면서 나는 채식주의자가 돼야겠다고 결심했다. 아빠와 같은 질병으로 가족들을 고생시키고 싶지는 않았기 때문이다. 부나 명예를 못 쌓더라도, 건강은 손에 잡을 수 있을 것 같았다. 채식 생활을 하며 직접 요리하는 삶과 가까워지고, 그러다 보니 가족들도 채식을 하면 좋겠다는 바람을 갖게 되었는데 쉽지는 않다. 맛있는 반찬을 해줘도 고기가 안 들어갔다는 사실을 알면 아빠는 입을 부루퉁하게 내민다. 그런 아빠도 잘 먹는 반찬이 있어서 소개한다. 채식인이든, 비채식인이든 호불호가 갈리지 않고 모두 맛있게 먹을 수 있는 반찬이고, 보관 기간이 길뿐만 아니라 절임 국물도 버리지 않고 소스로 활용이 가능한 신통방통한 반찬이다.

재료

새송이버섯 300g(한 봉지), 조선간장 90g, 마스코바도 90g, 현미식초 45g, 물 90g

조리과정

① 버섯을 깨끗하게 손질한다. 버섯은 물에 씻지 않는 게 좋다. 버섯에 함유되어 있는 좋은 균들이 빠져나갈 수 있기 때문이다. 버섯은 겉을 면보로 살짝 닦아주기만 해도 깨끗하게 사용할 수가 있다. 미니 새송이버섯을 사용하면 사이즈가 작아서 따로 칼질을 할 필요가 없지만, 일반 새송이버섯을 사용할 경우 한입 크기로 자른다. 나중에 버섯의 수분이 빠져나가면서 크기가 줄어들기 때문에 너무 잘게 자르지 않는 게 좋다. 버섯은 새송이버섯 이외에도, 양송이버섯이나 느타리버섯, 생표고버섯 등 다양한 버섯으로 대체할 수 있다.

② 손질된 버섯을 180도 오븐에서 10분 구워 준다. 버섯의 수분을 살짝 날려주고 사용하면 식감도 더 쫀득해지고 풍미가 좋아지기 때문에 구워서 사용하고 있지만, 생략해도 무방한 과정이다. 오븐이 없다면 프라이팬에 노릇하게 구워도 좋다.

③ 간장 양념을 냄비에 넣고 팔팔 끓여 준다. 이때 뚜껑은 열고 끓여 주도록 한다. 뚜껑을 닫아 놓으면 식초의 신맛이 도드라질 수 있으므로 뚜껑을 열어서 신맛을 조금 날려 준다.

④ 불을 끄고 구워 놓은 버섯을 냄비에 넣는다. 이때 구운 버섯의 물까지 함께 넣는다. 간장 양념에 버섯이 충분히 잠기지 않아도 괜찮다. 시간이 지나면 버섯에서 수분이 나와 모두 양념에 잠기게 될 뿐더러, 양념이 너무 많으면 짜진다. 식으면 반찬 용기에 옮겨 냉장고에서 보관하도록 하고, 먹기 전에 꺼내어 참기름 살짝 두르고, 통후추를 살짝 갈아 주면 더욱더 맛있게 즐길 수 있다.

절임국물 버리지 않고 활용하는 방법

① 한 번 더 끓여서 절임 국물로 사용한다.

② 메밀 국수 이외에도 여러 국수의 밑 국물로 사용할 수 있다.
- 냉파스타: 절임국물에 들깨가루와 와사비 적당량을 넣고 잘 섞어준 후 삶은 파스타에 비벼 먹는다. 얇게 채 썬 상추나 깻잎을 곁들여도 좋고, 불린 고사리와 함께 먹어도 맛있다.
- 우동: 양파, 표고버섯, 다시마로 끓여낸 채수에 버섯절임 국물로 간을 하면 우동 국물이 된다.

③ 다양한 조림 요리에 맛간장처럼 사용할 수 있다.

④ 전을 부쳐 먹을 때 따로 소스를 만들지 않고, 절임국물에 찍어먹는다.

⑤ 절임국물을 시럽처럼 졸인 후에 데리야끼 소스로 사용할 수 있다.
(고로케나 채소카츠에 찍어먹거나 양배추 오코노미야끼에 뿌려 먹는다.)

서로를 이해할 수는 없어도

 지난 주말 연인의 어머니 생신을 맞아 강릉에 다녀왔다. 식사를 하고, 사진도 찍고 나니 잠이 쏟아져서 한바탕 낮잠을 잤다. 별로 한 것도 없는데 토요일 하루가 다 지나갔다.

 다음 날 아침, 가야 할 곳도 해야 할 것도 없는 나른한 일요일. 햇살은 쨍하게 맑고 봄바람은 농담치고는 조금 맵다. 경포호 한 바퀴를 걸었다. 자세히 보니 여기저기 뱀밥이 고개를 내밀고, 여리여리한 진달래와 앙증맞은 꽃다지가 보인다. 벌써 냉이에서는 하이얀 꽃이 올라오고 있었다. 잡초라 불리는 것들은 매년 보는 데도 매번 뭐가 뭔지 헷갈린다. 해마다 다시 배운다. 한 호흡에 모든 걸 다 배우려 욕심내지 않고 해마다 조금씩 배우다 보면 삶에 서서히 녹아들어 익숙해진다.

 봄나물들을 보다 보니 '아이고! 이것들 지금 딱 맛이 좋을 때인데' 하는 마음에 괜히 조바심이 났다. 과도와 바구니만 있다면 한 바구니 뜯어가고 싶은 마음이 굴뚝같다. 잊고 있던 이맘때의 감각이 되살아난다. 날이 조금만 따뜻해지면 밭으로 향하던 설렘이, 오래간만의 밭일로 기분 좋게 쑤시던 근육통이, 감자를 심어 놓고 비가 내리면 기뻐하던 날들이 떠오른다.

 올해는 밭을 일구지 못해 아쉬운 마음을 뒤로하고 중앙시장으로 향했다. 시장에는 연세 지긋하신 할머님들이 조금은 나른한 얼굴로 나물을 다듬으며 앉아계셨다. 신문지 한 장 위에 달래, 취나물, 쑥, 미나리, 냉이가 빈틈없이 놓여있다. 아직 제법 추운 초봄임에도 불구하고 부지런히 싹을 틔운 봄의 채소들이 바구니 한가득이다.

 "할머니도 이렇게 늘어놓고 파셨겠지요?"
 "그러셨겠지요? 그래도 수완이 좋으셨는지 돌아오실 때는 늘 빈손이었어요."

 그를 어릴 적부터 키워주셨던 할머니는 이제 100세가 넘어 아무도 기억 못 하시지만, 25년 전만 해도 직접 농사를 짓고, 농사지은 채소들을 한가득 머리에 이고 10km가 넘는 거리를 걸어서 채소를 팔러 시장에 다니셨다고 한다.

 어떤 생각을 하며 그 길을 걸어가셨을까, 할머니의 머리에 짊어진 무게는 얼마나 무거웠을까, 시장으로 향하던 단단한 두 발이 정말로 가고 싶었던 곳은 어디였을까. 빈약한 경험으로 상상해 보지만 나로서는 결코 모를 것이다. 그렇게 살아온 분과 나 사이에 있는 차이는 어쩌면 당연한 것이라는 생각이 든다. 무거운 짐을 들고도 몇십 리를 직접 두 발로 걸어온 사람과 손가락 몇 번 움직여 택시를 내 앞에 부르는 사람은, 연락할 도리가 없어 지척에 두고도 만날 수 없던 시대를 살았던 사람과 핸드폰을 사용하느라 코앞에 있는 사람은 볼 수 없는 시대를 사는 사람의 삶은. 삶뿐만 아니라 좋다고 여기는 것도, 지켜야 하는 것도, 중요하게 생각하는 것도, 마음이 가는 곳도 다르겠지. 그렇기에 서로에게 궁금한 것도, 건네는 질문도, 내놓는 답변도 서로가 기대하는 것과는 다른 걸지도 모르겠다.

그러나 당신을 몰라도, 당신과 나 사이에 놓인 70여 년의 생을 이해할 수는 없어도, 사랑할 수는 있지 않을까? 마주하는 사람들의 얼굴 속에 떠오르는, 당신과 나 사이에 놓인 이 무수한 물음표가 언젠가는 느낌표가 되길 바란다.

우리는 서로를 이해할 수는 없어도 사랑할 수는 있다고.

우리는 어디로 향하는 걸까

"아~ 감자 심은 사람들은 좋겠다. 비가 와서!"

부러움의 탄식이 흘러나온다. 작년까지만 해도 내게 비 오는 날은 '기분 좋은 날'이었다. 물뿌리개로 100평이 넘는 밭에 물을 주려면 물뿌리개 가득 물을 넣고 양손으로 들고 날라도 수십 번은 해야 했기에, 비가 오는 것은 그야말로 축복이 내리는 것이나 다름없었다. 비가 와서 텃밭에 가지 못하는 것은 아쉬웠지만, 그 비를 맞고 무럭무럭 자라날 채소들을 생각하면 어쩐지 그 비를 내가 맞는 것처럼 내 몸에도 생명의 기운이 넘쳐흐르고는 했었다.

며칠 전 비가 내리는데 몸이 축축 늘어지고, 기분도 쳐져서 연인에게 "저는 아무래도 비를 안 좋아하는 것 같아요."라고 말했다. 말해놓고 보니 어처구니가 없었다. 불과 6개월 전만 해도 비가 오면 동생과 "비 온다!" 하고 키득키득하며 문자를 주고받던 게 생각나서. 비가 오면 우울하다고 느끼는 것은 우리가 땅에서 너무 멀어져서 그런 것은 아닐까? 도시에서 비가 주는 경험이라는 것은 신발 밑창을 더럽혀 깨끗하게 닦아놓은 바닥에 발자국을 남기고, 기껏 차려입은 옷을 축축하게 적시고, 우산을 들어야만 하는 불편함일 뿐이니까. 어쩌면 비와 우울함은 도시에 사는 사람들에게만 해당되는 이야기일지도 모른다.

홍제천을 달리다 보니 봄비를 맞아 하루가 다르게 자라난 잡초들이 빼곡하다. 잡초라 불리지만 그중에는 우리가 익숙하게 식탁에서 봐오던 냉이도 있고, 쑥도 있다. 손가락 한 마디 정도의 쑥은 여리여리하고 향을 진하게 품고 있어 지금 딱 먹기 좋다. 한 움큼 뜯어다가 된장국에도 넣고, 튀겨도 먹고 싶다. 노지에서 자라는 것들은 향이 더 진하고 맛도 좋은데…그것은 지금 밖에 맛볼 수 없는데. 무슨 약이 뿌려졌을지 모르기에 뜯지 못하고 바라만 보며 입맛을 다시는 게 웃프다. 벌써 냉이에는 하이얀 꽃이 피기 시작했고, 향긋한 개망초와 이름도 예쁜 꽃다지도 보인다. 이맘때 밭에는 농사짓지 않아도 주어지던 봄의 선물들이 가득했다. 아낌없이 내어주는 자연을 느끼며 향긋한 잡초들을 뜯다 보면 너그러운 마음이 되지 않으려야 않을 수가 없다.

땅을 밟지 않고, 호미를 들지 않고 올 한 해를 보낼 생각을 하니 왠지 모르게 겁이 난다. 무언가 알맹이가 쏙 빠진 느낌이다. 비가 온다고 하면 비를 맞기도 전에 우울해진다. 농사를 짓지 않는 봄은 5년 만이다. 호미를 손에서 놓은지 얼마나 되었다고 벌써부터 자연과 멀어지는 나를 본다. 내가 모르는 사이에 나는 무엇을 잃게 될까. 무엇을 하기 위해서 나는 땅과 멀어지려는 것인가.

동거인과 밭에 못 가니까 우울해 죽겠다며 앓는 소리를 나누었다. 얼마 전 코로나에 확진된 동거인은 오늘 자정을 기점으로 격리가 끝나 내일이면 일터로 돌아간다. 동거인 스스로 느끼기에도, 옆에서 함께 생활하는 내가 보기에도 아직 완전히 회복

된 것 같지 않다. 밤에 잘 때면 기침을 여러 번 하고, 아침에 일어나서 코맹맹이 소리로 아침 인사를 주고받는다. 충분히 쉬어야 하는데 아직 기간이 모자란 것이다. 그러나, 어쩔 도리가 없다. 이렇게 완전히 회복되지 않은 채 일터로 돌아가는 사람들이 많을 거라는 생각이 들었다. 처음에는 2주였던 격리 기간이, 확진자가 늘어나면서 1주일로 줄어들었다. 정부에서는 격리 기간을 일주일로 줄이는 것이 경제가 마비되지 않고 돌아가게 하기 위해 불가피하다고 발표했다. 나는 경제라는 것이 무엇인지는 잘 모르겠다. 코로나가 확진되어도 쉴 수 없는 사람들에 대해서는 알겠다. 경제적 지원이 없는 상태에서 당장 오늘 일을 하지 않으면 생활이 돌아가지 않는 사람들은 생존에 위협을 느낄 것이다. 그러나 완전히 회복되지 않고 사람들과 접촉하면서 코로나가 점점 더 확산되고도 있다. 코로나와 감기는 다르지만, 감기에 걸렸을 때도 코로나에 걸렸을 때처럼 쉬어야 한다. 감기에는 약을 써봤자 소용이 없고 푹 쉬는 게 약이다. 그러나 이제까지 우리는 감기가 걸려서 푹 쉬어본 적이 없다. 약을 먹으며 아픈 몸으로 일해왔고, 이제서야 아프면 쉴 수 있는 사회가 되었다. 이게 모두 코로나의 문제일까? 우리는 이야기했다. 충분히 쉬지 못하고 일터로 돌아가야만 하는 현실로 우리가 얻는 것은 무엇인지 모르겠다고. 결국 우리는 병과 돈을 교환하고 있는 것은 아닌가 싶다고.

우리는 대체 어디로 향하는 걸까. 잘 모르겠다. 그러나, 무엇이든, 어디서부터든 다시 생각해 볼 일이다.

4월

아무도 닿을 수 없는 곳

 이쪽으로 고개를 돌리면 목련이, 저쪽으로 고개를 돌리면 개나리와 벚꽃이 있고, 발아래로 눈을 돌리면 봄까치꽃이, 조금 더 자세히 보면 꽃다지가 보인다. 하나라도 놓치지 않으려 분주하게 고개를 돌려보지만, 미처 눈길이 닿지 않는 곳이 존재하겠지. 그럼에도 꽃은 언제나 그 자리에 있다. 누가 보지 않더라도.

 깊은 산속 아무도 닿지 않는 곳에 피는 꽃. 아무도 볼 수 없고, 존재하는지조차 알 수 없고, 누구도 닿지 못한다 해도 늘 그 자리에서 피고 지며, 씨앗을 떨어트리고 싹을 틔우며 자기 몫의 생을 다한다. 사람과 맺는 관계도 어떤 부분은 그래야만 한다. 시간이 지나며 서로 알아가는 부분이 늘어가더라도, 조금씩 알 수 없는 자신만의 세계가 영원히 존재하기를 바란다. 그곳은 아무도 보지 못해서 존재하는지 알 길이 없어도 이 세계에서 분명하게 피고 지며 생생하게 살아 있다. 어쩌면 근원적인 힘은 아무도 모르는 나만 아는 그곳에서 나오는 걸지도 모른다. 언제까지고 그곳에 나만이 접속하기를 바란다. 나는 영원히 그곳에 당신이 닿지 않기를 바란다.

 아마 이는 사람과 사람뿐만 아니라 사람과 모든 존재에게 해당되는 이야기일지도 모른다. 6년 전 자매들과 제주 여행을 갔을 때 제주 대학에 재학 중인 친구를 만난 적이 있다. 그 친구는 식물을 연구하는 학과에 재학 중이어서 우리가 모르는 제주의 이야기를 들려주었는데 그 내용은 실로 걱정스러운 이야기라 아직까지 기억에 선명하게 자리 잡고 있다.

당시, 자연주의를 추구하는 화장품 회사에서는 앞다투어 제주의 식물을 주재료로 내세운 화장품을 판매하고 있었다. 그중에는 천연기념물인 한란도 있었다. 화장품으로 만들기 위해서는 어마어마한 양이 필요하기 때문에 무분별하게 채취하고, 재배를 하다 보니 한라산의 생태계가 망가지고 있다고 했다. 귀한 것은 귀하게 다뤄야 하는데도 불구하고, 귀하다고 하면 너도나도 가지려고 하는 것이 문제라고 그 친구는 말했다. 천연기념물이라면 가지려고 하거나, 보려고 하기 보다는 잘 보존될 수 있도록 적당한 거리를 두어야 한다고도 했다.

한창 유네스코에 제주가 등재되느냐 마느냐 하는 일로 떠들썩하던 때에 동시에 그런 일들이 일어나고 있었다. 세계문화유산으로 지정된 것은 우리가 알지 못하는 비밀이 그곳에 숨어있고, 그것을 연구할 만한 가치가 있다고 판단되기 때문이었을 것이다. 어쩌면 오랜 세월 사람의 손길이 닿지 않았기에 이제까지 파괴되지 않고 살아남을 수 있었고, 그곳이 보존되어 있었기 때문에 우리가 살고 있는 터전이, 생태계가 순환하고 있는 걸지도 모른다. 연구가 충분히 이뤄져서 그 가치가 제대로 평가되어야 하는 것도 맞지만, 어떤 부분은 비밀을 간직한 채로 둘 필요가 있다는 생각이 든다.

엄마의 주먹밥, 나의 김밥

김밥집이 들불처럼 번지기 시작하면서 도시락을 싸가야 하는 날이면 엄마는 김밥을 사가라고 오천 원을 쥐여주고는 했다. 아마 중학교 즈음부터였던 것 같다. 엄마들은 '이때다' 싶었는지 나 말고 다른 친구들도 유행처럼 김밥을 사 왔다. 어떤 친구는 은박지에, 어떤 친구는 스티로폼으로 된 도시락 박스에, 간혹 조금 비싼 김밥을 사 온 친구는 종이박스에. 참치김밥과 치즈김밥이 최고로 쳐지던 시절이었다.

내 기억에 엄마는 도시락 메뉴로 김밥을 싸준 적이 없었다. 소풍날이면 엄마는 늘 주먹밥을 해줬다. 빨강, 노랑, 검정, 갈색, 초록색이 들어간 알록달록하고 한입에 쏙 들어가는 주먹밥이었다. 최근 그 주먹밥을 만들어 보기 위해 엄마에게 어떻게 했는지 물어보았다. 총천연색의 주먹밥을 만들기 위해서는 피망과 빨간 파프리카를 잘게 다진 후 간을 해서 볶고, 달걀을 삶아 노른자를 분리해낸 후 으깨고, 흑임자를 곱게 갈고, 간 고기를 간장에 절여 볶았다고 한다. 생략된 내용에는 각각의 재료를 밥에 비벼 한 알 한 알 먹기 좋게 한입 크기로 뭉치는 과정이 더 해졌을 것이다. 지금 생각해 보면 차라리 김밥을 싸는 게 더 간단했을 것 같다고 여겨질 정도다. 그런데도 엄마는 매번 손이 많이 가는 주먹밥을 싸줬다. 나는 그 수고도 모르고 한 알 버리기도 아까운 주먹밥을 피망은 입에 안 맞는다며 남기고, 어떤 때는 배부르다며 남기고, 어떤 때는 다른 애들 것과 달라 꺼내놓기 창피하다고 남겼다.

 그렇게 정성스럽게 도시락을 싸주던 엄마는 김밥을 사가라고 할 수밖에 없었을 것이다. 초등학교 5학년 때 막내동생이 태어났으므로. 그렇지만 서운한 마음이 들지도, 산 김밥이 창피하지도 않았다. 한 점 우울함도 없었다. 그때도 지금도 김밥을 제일 좋아하기 때문이다. 어쩌다 김밥이 내 최애 음식이 되었는지는 모르겠지만 채식을 하면서 제일 많이 한 음식이 김밥이고, 채식하기 전에도 분식집에 가면 꼭 김밥을 먹고 싶어 하는 애였으며, 뷔페에 가서도 김밥을 담아오는 어른이었다.

 일주일에 2~3번 김밥을 싸 먹는다고 하면 사람들은 부지런하다는 감탄을 보내거나 번거롭지 않냐는 물음을 건네온다. 하지만 하나도 귀찮지 않다. 김밥을 만드는 과정 하나하나가 좋고, 그 과정들은 마치 명상처럼 나를 평화롭게 만들어 준다.

 당근과 우엉을 닦다 보면 머릿속이 샤워를 하는 것처럼 시원해지고, 곱게 채를 썰 때는 아름다움에 흠뻑 젖는다. 계절마다 철에 맞는 재료를 다양한 방식으로 조리해 넣을 수 있고, 여러 가지 속 재료들이 한데 어우러져 내는 맛은 예술이다. 겨울이면 흑미밥에 고사리를 볶아서 넣고, 봄이 되면 산나물을 장아찌로 절여 현미밥에 싼다. 어떤 때는 두 가지 정도의 재료로 심플하게, 어떤 때는 다섯 가지 정도의 재료를 넣어서 만든다. 김밥을 하도 말아서 김밥 마는 발이 없이도 예쁘게 말 수 있는 자칭 김밥

달인이 되었다.

 김밥을 싸다 보면 김밥천국에서 2,000원에 파는 김밥을 다시 보게 된다. 야채 김밥 한 줄에 2,000원인데, 야채 김밥에는 계란, 햄, 단무지, 당근, 시금치가 기본으로 들어간다. 단무지와 햄은 공산품이라고 쳐도 계란은 거품기로 섞은 후 부쳐서 잘라야 하고, 당근은 채 썬 후에 볶아야 하고, 시금치는 데친 후에 무쳐야 한다. 14살에서 35살이 되는 동안 김밥 한 줄은 1,000원에서 고작 2,000원이 되었다. 5,000원이 있어도 한 끼를 해결하기 어려운 세상이 되었다. 2,000원에 균형이 잘 잡혀 있고 따끈한 한 끼를 해결할 수 있다는 것은 정말 고마운 일이다. 많은 이들의 생을 이어 붙이고 있는 김밥천국을 더 이상 무시할 수가 없다.

 채식을 시작하고 난 후에도 종종 남이 해 준 밥을 먹고 싶을 때 김밥천국에서 김밥을 사 먹는다. 어떤 이는 야채만 싸달라고 하면 별말을 다 듣는다던데 우리 동네 김밥천국에서 일하시는 아주머니는 아주 친절하시다. 햄과 계란을 빼고 싸달라고 하면 따로 부탁하지 않았는데도 야채를 더 많이 넣어주신다. 미리 말아 놓은 김밥들이 많아 새로 싸기 귀찮을 것 같은데도, 그런 기색 없이 새로 따끈따끈한 김밥을 말아주신다.

 적어도 세 가지 이상의 채소가 들어갔고, 간 깨와 소금과 참기름에 비벼진 밥과 김. 김밥 한 줄이 내 한 끼가 되기까지는 많은 손을 거쳐왔을 것이다.

 김밥 한 줄에는 2,000원에 담기 힘든 정성이 깃들어 있다.

당근 덕후의 당근 주먹밥

 당근 덕후라 생당근, 익힌 당근 가리지 않고 좋아한다. 엄마가 소풍 갈 때마다 싸준 주먹밥 중에서 한 번도 남기지 않은 주먹밥이 바로 당근 주먹밥이다. 당근의 달콤한 맛이 잘 살아 있고, 생당근 특유의 냄새가 나지 않는 주먹밥이라 맛을 보면 깜짝 놀란다. 당근을 좋아하는지 몰랐는데, 당근을 싫어하는 사람이 있다는 것을 알고 나서 나는 당근을 좋아한다는 사실을 알게 되었다. 당근을 너무 좋아한 나머지 당근을 좋아하지 않는 동거인과 함께 살면서 당근 카츠, 당근 포타쥬, 당근 페스토 등 마크로비오틱에서 배운 '당근 싫어하는 사람도 좋아하게 만드는 레시피'로 당근 요리를 전파했다. 함께 산 지 2년이 된 지금 동거인은 "당근을 싫어하는 게 아니라 안 좋아하는 거예요!" 하고 말한다. 앞으로 2년 뒤에는 당근을 좋아한다고 말하게 되려나?

재료
(2인분 기준) 당근 1개, 소금 1/2작은술, 밥 2공기

조리과정
① 당근을 강판에 갈은 후 면보에 물기를 꽉 짠다.

② 물기가 빠진 당근 건더기에 소금 1/2작은술을 섞는다.

③ 달궈진 후라이팬에 기름을 조금 두른 후 당근을 볶는다.

④ 볶은 당근을 밥 2공기와 잘 섞어 준 후 간을 본다.

⑤ 손으로 뭉칠 수 있을 정도로 적당히 식으면 먹기 좋게 한 입 크기로 주먹밥을 뭉쳐 준다.

말 없는 아빠의 목소리

 온 가족이 모이는 날, 뭘 먹을까 언니와 이야기하는데 엄마가 오래간만에 짜장면을 먹자고 한다. 짜장면이라는 단어가 엄마의 입에서 나오는 순간 나른하고 지루한 오후를 보내던 아빠의 얼굴에 '환한 미소' 스위치가 탁하고 켜진다. 아빠에게 하루의 즐거움은 어떤 반찬이 식탁에 올라오는지, 오늘 먹을 간식은 무엇인지로 결정된다. 짜장면을 먹는 날이면 짜장면을 배달시키기 전부터 행복하다. 어린 왕자에서 그랬던가. '네가 4시에 온다면 나는 3시부터 행복해질 거라고.' 짜장면 세 글자로, 아직 도착하지도 않은 짜장면 한 그릇으로 온 세상 행복은 자신이 다 가진 것 마냥 함박웃음을 짓는 아빠를 보면

"단순한 즐거움을 따라 살아."

하고 누가 내게 말해주는 것만 같다.

 아빠는 뇌졸중으로 왼쪽 뇌의 일부가 마비되었다. 두개골을 여는 수술을 세 차례나 하는 과정에서 운동신경과 언어기능이 손상되어 움직임이 자유롭지 않고, 할 줄 아는 말은 "간성가세요"

와 "고고고고" 정도이지만 아빠는 아프기 전보다 훨씬 행복해 보인다.

 뇌과학자인 질 볼트 테일러는 뇌졸중이 진행되는 과정부터 완치되기까지의 과정을 모두 기억하고 있었고, 뇌졸중이 치료된 후 그 이야기를 『나는 내가 죽었다고 생각했습니다』라는 책으로 펴냈다. 작가는 기억이 상당 부분 사라지면서, 과거와 미래가 사라지고 오로지 현재만 남게 되면서 마치 우주와 하나가 된 듯한 평온함을 느꼈다고 한다. 그래서일까, 미간을 주름지게 했던 근육의 긴장이 '탕-'하고 풀린 것처럼 아빠는 한결 부드러운 얼굴이 되었다. 조금 맹한, 그래서 천진난만한 얼굴을 한 아빠를 보며 '오늘만을 살아가는 사람의 모습은 저런 것인가'하고 생각하게 된다. 살면서 처음 보는 아빠의 얼굴이라 나는 아빠와 새롭게 다시 시작하는 느낌이다. 말 없는 아빠를 보지만, 나는 거기에 존재하는 목소리를 듣는다.

명상부터 통찰까지

 오늘 그는 전 직장 동료들과 저녁 약속이 있다고 했다. 이사하고 몇 달 만에 만나는 것이니 5개월 만에 만나는 것 같다.

 그에게는 다정함이 디폴트다. 나에게는 특별히 더 다정하지만, 다른 사람들에게도 다정하다. 나는 가끔 그의 다정함을 걱정하고, 질투한다.

 달리기를 하며 상상을 하기 시작한다. 전 직장 동료들에게도 다정하겠지? 그러면 전 직장 동료들이 자신을 좋아하는 걸로 착각하지 않을까? 그러다 서로 사랑에 빠져버리면 어쩌나? 하는 상상을 넘어선 망상에까지 이른다. 그러다 이내, 착각 좀 하면 어떤가! 하는 데까지 이르렀다. 모든 사람이 내 연인과 사랑에 빠질 거라고 착각은 내가 하고 있지만

 대학교에 다닐 때, 누군가 내게 다정하게 대해주면 '저 사람이 나를 좋아하나?' 하고 착각을 한 적이 왕왕 있다. 그뿐만 아니라 나도 한 상냥해서 반대의 경우도 제법 많았다. 한때는 내가 친절하게 대하면 자신을 좋아하는 줄 아는 사람들을 비웃었다.

'착각도 유분수지. 내가 지를 좋아하는 줄 아나?' 하고. 지레 겁을 먹고 웃음을 거두고 냉담하게 굴며, 거리를 둔 적도 있었다.

 어쩌면 누가 조금만 상냥하게 대해도 좋아하는 것이라고 착각하게 된다는 건, 그만큼 세상에 다정이 부족하다는 뜻은 아닐까. 비웃을 일이 아니라는 생각이 든다. 편의점에서 일하다 보면 사람들이 얼마나 다정한 사람을 낯설어하는지 알 수 있다. 문을 열고 들어왔기에 으레 건네는 인사에도 손님들은 소스라치게 놀란다. 눈이 똥그래지고, 멈칫멈칫하는 걸 자주 목격할 수 있다. 일한 지 2달이 다 되어가는 지금은 처음에 멈칫하고 놀라던 사람도 아무렇지 않게 인사를 건네기도 하고, 웃으며 대답하거나, 쓸데없는 농담을 건네기도 한다.

 다정에 돈이 들어가는 것도 아닌데 참 인색하다 싶다. 우리에게 일어나는 모든 문제가 실은 다정이 부족해서 생기는 일이, 다정의 다른 이름인 사랑이 부족해서 생기는 일이 아닐까 싶다. 아마 조금씩 더 다정하게 서로를 대한다면 세상은 지금과는 다른 모습이 되지 않을까.

 나는 다른 세상을 보고 싶다. 그러니, 나라도 아끼지 말고 다정해야지. 오늘도 힘차게 인사를 건넨다. "어서 오세요!"

다정한 그가 좋아하는, 유부초밥
새송이버섯 간장 절임 활용 레시피

재료

절임국물 1국자, 물 1국자, 생강 손톱만큼, 유부 9-10장, 속재료(당근 1/4개, 참나물3-4줄기), 밥 2공기

조리 과정

① 유부는 뜨거운 물에 한 번 데친 후 물기를 꼭 짜 주고, 세모 모양이 되도록 반으로 잘라 준다.

② 냄비에 데친 유부와 절임국물 1국자, 물 1국자와 생강을 넣고 약불에서 물이 2/3정도로 줄어들도록 졸인다.

③ 당근은 잘게 다진 후 후라이팬에 살짝 볶는다.

④ 참나물은 흐르는 물에 깨끗이 씻은 뒤 잘게 다진다.

⑤ 밥 2공기에 당근과 참나물을 넣고, 유부 졸인 국물을 넣어가며 간을 본다.

⑥ 밥이 적당히 만질 수 있도록 식으면 유부 속에 채워 준다.

5월

포켓몬 빵을 찾는 사람들

"딸랑딸랑"

 문이 열린다. 문 끝에 달린 풍경이 흔들리며 소리를 낸다. 문을 열고 들어온 이는 평일 아침마다 출석 체크하는 단골손님이다. 고르는 물건도 늘 같다. 음료 냉장고로 가서 1+1행사를 하는 커피 두 병을 들고 오더니 더블웨이브라는 담배를 달라고 한다. 40대 정도 되어 보이는, 말수가 없고, 미소를 짓지 않는 평범한 중년 아저씨다. 매일 같은 걸 사가지 않았다면 아마 얼굴을 기억하지 못했을 거라고 생각했다. 그런 그가 며칠 전 "포켓몬빵은 안 들어와요?"하고 물었다. 그에게서 그런 질문을 들을 것이라고는 한 번도 예상해 본 적 없었기에 다시 물었다. 말수가 적은 손님도 입을 열게 하는 포켓몬빵의 위력을 새삼 느낀다.

 요새 편의점에서 흔하게 볼 수 있는 풍경이다. 어른이고 애고 할 것 없이 하루에 두 번 이상은 포켓몬빵을 찾는 손님이 온다. 그들은 하나같이 "포켓몬빵 없어요?", "예약해 놓으면 안돼요?", "물류 몇 시에 들어와요?"하고 묻는다. 물류가 들어올 시간에 와서 30분이고, 1시간이고 기다리는 사람도 있다. 그들 중에는 학생보다 40대 정도 돼 보이는 이들이 더 많았다. 어른들까지 포켓몬빵을 손꼽아 기다리는 걸 보면서 '대체 포켓몬빵이

뭐길래. 얼마나 인생이 재미없으면 포켓몬빵에서 재미를 찾나.' 하고 쓸쓸하게 웃었다.

 하루 이틀이 지나고, 어느새 편의점에서 일한 지도 두 달이 다 되었다. 그 사이에 포켓몬빵을 찾는 말 뒤에 다른 말들이 따라 붙는다는 걸 알게 되었다. "아이들이 사다 달라고 난리예요.", "애들 주려고…", "애들이 좋아해서" 한심해 보이던 사람이 새롭게 보이기 시작한다. 오늘 점심시간에 온 더블웨이브 아저씨는 "우리 아들 사다 줘야 하는데!" 하며 처음으로 함박웃음을 지으며 포켓몬빵 2개를 득템해 갔다. 아이들에게 빵 하나라도 사주기 위해서, 사주고 싶어서 근처 편의점에 가서 빵이 있는지 물어보는 사람들.

 아, 사랑이구나.

 나는 안 그렇게 보여도 부모와 자식 간의 관계에서는 심사가 뒤틀린 데가 있었으므로, 예전 같았으면 그렇게 빵을 사다 주는 것을 못마땅해 했을 것이다. 학교에 다닐 때도 그랬다. 아침마다 차로 학교에 태워주는 부모들을 이해하지 못했고, 하나부터 열까지 다 해 주는 부모들을 보며 나의 일도 아닌데 숨막혀 했다.

 함께 일하는 이모님과 아들도 그런 부류 중의 하나였다. 편의점 직원 중에는 사장의 이모와 그녀의 아들 S도 있었다. S는 32살 된 청년인데, 공부를 하다가 그만두고 이제 막 사회로 나오려는 참이다. 그런 그를 그녀는 출퇴근할 때마다 차로 데려다주고, 데리고 간다. 언제까지고 그런 일은 이해할 수도, 이해하고 싶지도 않은 영역이었다. 서른 두 살이나 먹고 엄마 차를 타고 다니는 그도, 스스로 하게 하지 않고 언제까지고 그를 품 안에 품고 있는 그의 엄마도. 그러나, 그건 사랑이었다.

 물고기를 잡아주지 말고, 잡는 법을 알려줘야 한다는 말도 있고 적절한 때에 아이를 놔줘야 아이가 제대로 큰다는 말도 있지만, 이러저러한 말들을 걷어내니 마음이 보인다. 어느 날 갑자기 일어난 일이었다. 낮에 온 물류를 정리하고 있었는데, 이제 막 공부를 그만두고 사회로 나오려는 S의 두려움이 피부에 와닿았고, 그런 S를 보며 무어라도 해주고 싶을 이모님의 마음이 가슴으로 스며들었다. 그건 사랑이었다.

 요즘 내게는 모든 게 다 사랑으로 보인다. 좋은 것도, 나쁜 것도, 전혀 관계가 없어 보이는 일조차도 모두 사랑이 일으키는 거라는 생각이 들었다. 그중에는 우크라이나 전쟁을 일으킨 푸틴도 있다. 그가 전쟁을 일으킨 것은 인정받고 싶어서, 곧 사랑받고 싶어서가 아닐까 하는 생각이 들었다. 하루 한 번의 포옹과 다정한 말 한마디가 있었다면 그가 전쟁을 일으키지 않았을지도 모르겠다. 애먼 편의점에 와서 시시껄렁한 농담을 건네는 손님도, 버럭 화를 내는 사람도, 미워하는 것도, 화가 나는 것도, 질투를 하는 것도, 누군가를 싫어하는 것조차 모두 다 사랑으로 보인다.

 나는 지금 사랑이 계절인 시간을 살고 있다.

착각일지도 모른다

 아침 6시. 갑자기 눈이 떠졌다. 전날 방해금지모드를 해놓고 자지 않았다는 것을 깨닫고 방해금지모드로 전환해 놓고 다시 잠을 청하는데 6시 5분, 진동이 울린다.

'이마트24'

 근무하는 편의점의 사장님이다. 느낌이 싸해서 받을까 말까 고민하다가 받았는데, '설마'가 '역시'다. 오전에 근무하기로 한 아르바이트생이 출근을 하지 않았고 전화도 받지 않는단다. 세수랑 양치를 하고, 옷만 후딱 갈아입고 집을 나선다. 근무 시간이 길어질 것을 대비해 책을 두 권 챙기는 것도 잊지 않고.

 천천히 걸으면 3분, 잰걸음으로는 1분이면 도착한다. 6시 17분, 매장에 도착했다. 어제 맥주를 마시고 잤는데도 컨디션이 좋다. 벌떡 깬 탓인지 눈알이 총총하고 몸은 가볍고, 정신이 맑다. 생각으로 알아차리기도 전에 손은 무얼 해야 하는지 알고 있다.

비어있는 물건을 채워 넣고, 정리까지 마치니 한 시간이 지났고, 어제 하다가 만 유통기한 체크를 마저 해놓고 내일 들어올 물건의 발주를 넣고 나니 또 한 시간이 지났다. 도시락을 싸 오지 않아 편의점에 있는 김밥과 컵라면으로 아침을 때웠다. 배달 앱으로 채식 음식을 시켜 먹을까 하고 찾아봤지만, 아직 문을 연 곳은 없고, 문을 열었다 하더라도 한 끼에 시급보다 많은 금액을 쓰지는 못할 것 같다. 어제 동거인이 추천해준 책을 조금 읽다가 빗자루로 매장 안을 쓸기 시작한다. 아직도 아르바이트생은 연락이 없다. 늦잠을 자고 있을 거라 단정하고 '일어나면 연락을 달라'고 남겨 놓은 지 3시간이 지난 후다. 비질을 하며 알바생은 왜 출근하지 않았을까를 생각하다가 나의 20대로 생각이 옮겨간다.

학교 다니면서 알바를 쉬어 본 적이 없다. 왜 그렇게 열심히 일했는지, 어떻게 그렇게 할 수 있었는지 잘 모르겠다. 얼마 전 만난 언니는 내 사주가 '쓰임'을 좋아하는 사주라고 했다. 일복도 많지만, 어딘가에 쓰여지는 것을 좋아한다고 했다. 아마 그래서 그랬을지도 모르겠다. 대체로 '자발적으로' 시키는 것보다 더 열심히 일해 왔지만 무단결근을 한 적이 종종 있었다. 그때마다 나름대로 타당한 이유가 있었으나 그렇게 하고 나면 스스로가 비루하게 느껴졌다. 수가 틀리면 나는 제일 먼저 일을 버렸다. 어쩐지 그때마다 나를 가장 쉽게 버린 기분이 되었다.

어떻게 그렇게 살던 내가 이렇게 사는 내가 되었나에 대해서 생각해 본다. 나도 잘 모른다. 해마다 큰 차이를 느끼지 못했으나, 10년 전의 나와 지금의 나를 같다고 할 수는 없을 것이다.

 알바생이 출근하지 못한 그럴만한 이유가 있었을 거라는 생각이 들었다. 내가 납득하지는 못하더라도. 다시 문자를 보낸다. 무슨 일인지는 모르겠으나 내가 근무를 대신하고 있으니 걱정하지 말고 상황이 정리되면 연락을 달라고. 내가 변하고 보니 아무도 단정지을 수 없게 되었다.

 돈을 꼬깃꼬깃 구겨서 다니는 손님을 보고 자기 자신을 막 대할 것이라고, 돈을 던지는 사람을 보고 저 인간은 다른 사람을 업신여길 것이라고, 공사장에서 일하는 아저씨들을 보고 인생 막장으로 살아서 막노동을 하는 것이라고, 집 청소를 하지 않아 발 디딜 틈이 없는 곳에 사는 친구를 보고 마음속도 저 모양 저 꼴로 지저분하고 혼란스러울 것이라고 말할 수가 없게 되었다. 약속시간에 늦는 사람을 보고 불성실하다고 욕을 할 수도 없으며, 채식을 하는 사람이 계란을 먹는다고 해서 위선자라고 할 수도 없게 되었다. 무단결근을 하는 알바생을 보고 '저렇게 무책임해서 앞으로 어떻게 살려고 그러나'라던가, 물건을 채워놓지 않고 퇴근하는 알바생을 보고 '이렇게 게을러서 자기 일이나 제대로 할지 모르겠다'고, 앞으로도 계속 그렇게 살 것이고 그게 너의 전부라고 말하지는 못하게 되었다. 설사 그렇게 생각하고 말한다고 하더라도 그 생각이 진실이라고, 영원할 것이라고 믿을 수는 없게 되었다.

채소의 계절

순간의 감정으로 무책임하게 행동했지만 내 삶에 무책임하지도, 엉망으로 살아오지도 않았다. 그러니, 다른 이의 순간, 일면만을 보고는 나는 그 사람에 대해서 어떤 평가도 판단도 할 수가 없다. 나는 나로만 살아 보는 것이기 때문에 아무것도 모른다. 내게 좋은 것이 남에게도 좋을 것이라고, 내가 이렇게 살아왔으니 다른 사람도 이런 수순을 거쳐서 살아갈 것이라고 장담할 수가 없다.

다른 이의 삶을 미루어 짐작하지 않는다. 그리고 어쩌면 내가 나에 대해서 안다고 생각한 것들도 착각일지도 모른다.

편의점 알바할 때 먹는 단골 도시락 메뉴, 오리엔탈 드레싱 덮밥

 지난 3월부터 편의점에서 일하고 있다. 편의점에는 채식으로 식사가 될 만한 게 별로 없기 때문에 도시락을 싸서 다니고 있다. 도시락 메뉴로는 간단하게 먹을 수 있는 한 그릇 밥이 좋은데, 오리엔탈 드레싱 덮밥은 간단하면서도 주재료를 무엇을 쓰느냐에 따라서 다양하게 변주가 가능해서 단골 메뉴가 된다. 열매채소가 맛있는 여름에는 파프리카, 이 외에도 구운 가지나 애호박을 곁들여도 좋고, 늦봄에는 데친 죽순, 가을에는 얇게 썰어 구운 무를 곁들인다. 어느 계절에나 구하기 쉬운 새싹 채소와 구운 두부, 두부면을 얹어 덮밥을 만들어 먹어도 맛있다. 채소를 구울 때는 프라이팬에 구워도 좋지만 200도 오븐에서 10분 구우면 뒤집는 과정이 없어 더 간단하게 요리할 수 있다.

꼭 도시락이 아니더라도 오리엔탈 드레싱은 한 번 만들어 놓으면 유용하게 쓰인다. 2주까지도 보관이 가능하기 때문에 한 번에 많이 만들어서 냉장고에 넣어놓고, 파스타를 삶아 버무려 먹거나 밥에 얹어서 먹는다. 라면처럼 간편히 먹을 게 없을 때 먹는 초간단 요리가 되어 준다.

재료
다진양파 1/2개, 다진마늘 1작은술, 진간장 2큰술, 마스코바도 1큰술, 현미식초 1/2큰술, 가는소금 1작은술, 곱게 빻은 참깨 1큰술, 파프리카 2개

조리 과정
① 양파는 잘게 깍둑 썬다. 잘게 썰수록 양념이 잘 배어서 더 맛있다.

② 절구에 참깨 1큰술을 넣고 곱게 빻은 뒤, 마늘 1쪽을 넣고 잘 빻아 준다.

③ 파프리카는 새끼 손톱 한 개 크기로 깍둑 썬다.

④ 모든 재료를 한 데 넣고 잘 섞어 준다.

Tip! 바로 먹어도 맛있지만, 30분 정도 뒤에 먹으면 재료에 양념이 잘 배어 더 맛있다. 참깨가 없거나 참깨를 빻기 귀찮을 때는 참기름 1큰술로 대체해도 괜찮다.

달리기와 글쓰기

 서밤 작가는 『우리의 사랑은 언제 불행해질까』라는 책에서 이렇게 말했다. "섹스는 등산과도 같다." 오르려고 마음먹기까지가 어렵지, 막상 오르고 나면 "이 좋은 걸 왜 안 하고 살았지?" 하는 생각이 든다고. 내게는 달리기가 그렇다.

 이래저래 일주일 정도 달리기를 쉬었더니 몸이 게을러져 온갖 핑계를 대며 계속 미루고 미룬다. '밥 먹은 거 소화되면 나가야지'하고 잠시 누웠다가 낮잠을 한바탕 잔다. 누워서 뒹굴뒹굴 뭉그적거리다 더 이상 미룰 수가 없어서 주섬주섬 옷을 챙겨입고, 신발 끈을 동여매고 바깥으로 나선다.

 1km, 아직 덜 풀린 다리가 거추장스럽게 느껴진다.
 2km, 오늘 5킬로를 달리는 건 무리라는 생각이 들면서 3킬로를 달릴지, 4킬로를 달릴지 고민한다.
 3km, 반환점을 돌고 나니 '이제 집으로 가는 가장 빠른 방법은 달리는 것밖에 없다'는 생각이 든다.
 4km, 거의 다 왔는데 이제와서 그만 달리기에는 아깝다. '조금만 더, 조금만 더'를 되뇌며 마저 달린다.
 5km, 멈춘 후 숨을 토해내면 그렇게 몸이 개운할 수가 없다.

이걸 왜 하기 싫어했나 모르겠다. 몸이 까르륵하고 웃는다.

달리기를 하면 장기 사이사이에 묵은 때가 벗겨진다. 청소하는 느낌이다. 머릿속도 덤으로 청소가 된다. 골몰하던 생각, 정리가 안 된 채 엉망으로 쌓여 있던 생각들이 정리된다. 청소하고 나면 으레 그렇듯 사용하지 않는 물건이 나온다. 지난번에 분명 다 정리했던 것 같은데 또 나오는 마법이 펼쳐진다. 어디서 끊임없이 물건이 나오는 건지. 분리수거할 것은 분리수거하고, 나눔 할 물건은 당근으로 나눔 하고, 버릴 것은 버리는 과정이 필요한 것처럼 달리기를 하고 나서도 그런 과정이 필요하다. 내게는 글쓰기가 그렇다. 잘 묶어서 글로 내보낼 것을 글로 내보내고, 아직 무르익지 않은 생각은 한편에 두고 다음에 글이 되기를 기다린다. 대청소도 어쩌다가 한 번 하면 대청소지 매일 하면 그리 힘들지 않은 것처럼 달리기를 생활 속에 두면 묵은 마음, 고인 마음이 없이 그때그때 잘 왔다가 잘 흘려보내게 된다.

달리기만 하고 글쓰기를 하지 않는 것은 먹기만 하고 싸지 않는 것과 같다. 매일 청소해도 매일 하루치 먼지가 쌓이는 것처럼, 달리기를 하고 글을 쓰며 생각과 마음에 쌓인 하루치 먼지를 날려보낸다.

셰프의 자격

 가랑이 사이로 끈적하고 미지근한 물이 조금씩 새어나온다. 팬티가 축축해진다. *냉이다. 더불어 왼쪽 자궁에 통증이 느껴진다. 피곤할 때 몸이 지르는 비명이다.

 조금 느리고 부드러운 손길로 얼갈이를 씻고 부추를 다듬는다. 중간중간 설거지를 하고, 선생님께 필요한 세팅을 하며 리듬을 맞춘다. 몸은 비명을 지르고, 손은 바쁘게 움직이는데 마음은 평화롭다. 일할 때는 모르다가 퇴근하고 나서 버스에 앉으니 몸이 하는 말이 들린다. 오늘은 정신력이 승리한 날인가보다.

 어떤 날에는 몸에 정신이 오롯이 지배당하기도 하고, 몸은 안 좋아도 정신력이 승리해 컨디션이 제법 좋을 때도 있다. 엎치락뒤치락한다. '몸에 지배당하지 말고, 정신력으로 버텨라'라거나, '몸과 마음은 연결되어 있으니, 몸의 소리를 들으라.' 하는 말이 있지만 매번 한결같이 되지는 않는다. 몸의 소리를 놓칠 때도

---

*냉: 질이나 자궁경부의 염증, 혹은 비감염성 원인에 의해 생긴 질 분비물을 이르는 말

있고, 정신을 똑띠 차려도 무너질 때가 있다. 그때그때 다르다. 어떤 날에는 이 말이 맞고, 어떤 날에는 저 말이 맞아서 어느 줄에 서야할 지 헷갈려 죽겠다. 알다가도 모르겠다. 결국 항시 맞는 말이란 없다는 걸 깨닫는다. 내가 느끼고, 내가 선택한 것이 내게 맞는 옷이고, 내가 살아냈을 때에 비로소 내 것이 된다. 그리고 나는 변하고, 매일 다르다.

요리도 마찬가지다. 눈보라가 몰아치는 겨울날 차가운 콩국수가 먹고 싶은 때도 있고, 한여름에 펄펄 끓는 감자탕이 먹고 싶은 날도 있다. 모두에게 좋은 음식이 없듯, 요리에 정답은 없다. 내 입에 맞고, 내 몸이 원하는 것이 내게 약이 되는 음식이다. 내게 맞는, 내가 원하는 맛을 내기 위해 배움이 필요하다. 처음 요리를 시작한 사람에게는 어느 정도의 기준이 필요하고, 이 기준은 절대적인 것이 아니라 살아가며 언제든 바뀔 수 있다.

요리하는 삶을 산 지 4년이 다 되어간다. 전공을 하거나 자격증을 주는 수업을 받은 적은 없지만, 재밌을 것 같아서 간간이 들은 수업과 일하며 귀동냥으로 배운 마크로비오틱 macrobiotic을 기반으로 나만의 요리를 하며 살아가고 있다.

그런 나를 사람들은 신기해한다. 갑자기 요리를 하더니 요리하는 일로 먹고사는 게 신기하다고. 누구는 몇 년을 배워도 자기는 자격이 되지 않는다며 일할 엄두를 내지 못하는데, 너는 일단 하고 보는 게 신기하단다. 그런 생각이 들었다. 자격은 누가 주는 건가, 자격증을 받으면 내가 그 자격에 걸맞는 사람이어서 그걸 주는 걸까. 내 삶의 경험이 곧 자격이라는 생각이 들었다. 내가 경험한 것이 경력이라는 생각도. 증명할 만한 서류는 없어도 요리해서 돈을 벌어먹고 살 자격이 없다고는 생각하지 않는다. 내 안의 소리를 듣기 위해 매일 달리기를 하고 글을 쓰고, 그 소리에 따라서 계절에 맞는 제철 채소로 그날의 요리를 하며 살아간다. 요리하는 일을 하며 살고 있지만 내게는 요리하는 사람만이 선생은 아니다. 살아가면서 나와 곁을 스치는 모두가 좋은 인연이든, 나쁜 인연이든 스승이 된다.

 평범한 하루 안에서 일어나는 모든 일들이, 나의 경험이 되고 내 경력이 된다.

다지다 보면 마음의 평안이 찾아오는, 템페 마늘종 볶음 고추장

생각이 많아지거나, 불안한 마음이 들 때 채를 썰거나 다지기를 하면 생각이 정리되고 불안이 잦아든다. 채썰기와 다지기에는 여러 번의 칼질이 필요하기 때문에 부정적인 생각을 하거나 잠시 마음이 다른 곳에 가 있으면 꼭 그 순간 귀신같이 손이 베이거나 손톱이 잘려 나간다. 전에는 놀라거나 아프기만 했는데 칼질을 하는 시간이 쌓이다 보니 그 순간이 '알아차리기'의 시간임을 깨닫게 되었다. 그때그때 생각과 마음이 채를 써는 데에 영향을 끼치면서, 순간의 생각과 감정을 알아차리게 되고 흘려보내면서 동시에 제자리로 돌아오게 된다. 요리라는 영역에서 다양한 레시피와 기술들을 배우지만, 결국 그것보다 더 크게 와닿는 것은 삶을 살아가는 방법과 태도를 배우는 것이다.

다지다 보면 마음의 평안이 찾아오는,
템페 마늘종 볶음 고추장

재료
템페 반 팩, 표고버섯 2개, 양파 1개 반, 마늘종 15가닥(마늘종 대신 마늘 4알로 대체 가능), 된장 6큰술, 조청 2큰술, 마스코바도 2큰술, 진간장 3큰술, 참기름 1큰술, 고추장 3큰술, 물 한 컵

조리과정
① 양파, 마늘종을 흐르는 물에 깨끗하게 씻은 뒤 새끼손톱 반만 하게 깍둑 썰어 준다. 표고버섯과 템페도 잘게 다져 준다.

② 다진 채소들을 기름 두른 프라이팬에 노릇노릇해질 때까지 충분히 볶아 준다.

③ 채소가 다 익으면 된장 6큰술, 조청 2큰술, 마스코바도 2큰술, 진간장 3큰술, 고추장 3큰술, 물 한 컵을 넣고 잘 섞어 준다.

④ 보글보글 끓으면 참기름 1큰술을 넣고 섞어 준 뒤 약한 불에서 수분을 날려 준다.

볶음 고추장 활용 Tip
① 물과 두부를 넣고 간을 더해 마파두부로 먹는다.

② 간을 하지 않은 토마토소스를 넣어 라구소스로 먹는다.

③ 물과 된장, 채소를 더해 장칼국수로 먹는다.

④ 양배추나 배추, 호박잎 등을 삶아 밥과 볶음 고추장을 얹어 쌈밥으로 먹는다.

⑤ 소이마요네즈와 섞어 베이글에 발라 먹는다.

6월

나는 괜찮은 척하며 살았다

때는 바야흐로 1997년, 10살이 된 내가 아직 따끈하고 단내나는 술떡을 조물락거리면서 아빠에게 묻는다.

"아빠 회사 안 가?"
"응 안 가."
"휴가야?"
"응 휴가야."

이미 며칠째 아빠는 회사에 가지 않았고, 나는 휴가가 그리 길리 없다는 것을 어렴풋하게 알았다. 티비에서는 'IMF 명예퇴직' 같은 이야기가 나오던 때였으므로 IMF도 명예퇴직도 뭔지 모르겠지만 아빠가 계속 회사에 가지 않는 이유는 그 때문일 거라 예감했다. 아빠가 회사에 가건 안 가건 그 당시 나에게는 별일이 아니었지만, 엄마와 아빠가 사실대로 이야기해 주지 않았던 것만은 마음에 걸렸다.

그날 아빠와 나누었던 아주 사소한 대화가 기억이 난다. 운동회 날이었고, 늘 그렇듯 달리기 시합이 있었다. 또 늘 그렇듯 꼴찌를 했고, 어쩐지 그해에는 등수와 관계없이 모두에게 주던 공책 한 권도 받지 못했다. 아빠는 늘 듣는 둥 마는 둥 내 얘기에 관심이 없었지만, 나는 미주알고주알 운동회 이야기에 심취해 있었다.

"오늘 운동회 했는데, 엄마가 열심히만 달리면 등수는 중요한 게 아니래. 나 꼴찌 해서 공책 한 권도 못 받았는데 그래도 괜찮아." 하며 천방지축 꾸러기처럼 웃었다.

아마 그날이 나의 괜찮은 척의 시작이 아니었을까 싶다. 무슨 일이 벌어지고 있는 것인지 이야기해주지 않는 엄마와 아빠로부터 괜찮은 척을 배웠다. 내가 배운 괜찮은 척이란 괜찮지 않은 마음을 숨기는 것이었다. 존재하지만 없는 것처럼, 불안하지만 불안하지 않은 것처럼, 서운하지만 서운하지 않은 것처럼, 괜찮지 않은 것이란 부정적이라고 불리는 모든 감정이었다.

아빠는 늘 괜찮은 척에 실패하는 사람이었는데, 괜찮다가도 갑자기 돌변해서 안 괜찮아졌기 때문이다. 배알도 없는 사람처럼 허허하고 웃다가도 어느 선을 넘으면 세상 무서운 얼굴을 하고 폭언을 하거나 물건을 집어 던지고는 했다. 그때마다 엄마는 온 세상 모든 잘못을 혼자 다 한 사람처럼 죄인 취급을 받았고, 언니는 아빠와 맞서 싸우며 집안을 아수라장으로 만들어 놓았고, 나와 동생은 방구석에 앉아 서로를 껴안고 울었다. 나는 정말이지 아빠처럼 괜찮은 척에 실패하고 싶지는 않았다. 한순간에 모든 사람을 지옥 같은 불구덩이에 빠트리고 싶지는 않았기에 부지런히 아빠로부터 반대방향으로 달렸다.

 그런 내게 웃는 건 최고의 무기였다. 어색한 상황에서도, 불쾌한 상황에서도, 뭐가 뭔지 잘 모르겠을 때에도 웃는 것만으로 분위기는 더 이상 나빠지지 않았다. 괜찮았다. 그래서 언제나 웃는 얼굴을 장착하고 괜찮은 척을 했다. 좋을 때도 나쁠 때도 상황을 가리지 않고 웃다 보니 나는 종잇장보다 가벼운 사람이 되었고, 종종 괜찮은 척에 실패해 화를 내거나 울면 사람들은 '쟤 왜 저래?'하며 소스라치게 놀라고는 했다. 그러면 나는 또 뒷수습하기 위해 웃어야 했다. 뭔가 잘못되어 간다는 것은 알았지만 어디서부터 어떻게 손을 대야 할지 알 수가 없었다. 괜찮은 척을 하도 해서 나도 내가 너무 괜찮은 줄, 감쪽같이 속았기 때문이다.

 지금으로부터 2년 전에 나는 괜찮은 척하기를 그만두기로 했다. 심리적 이혼상태였지만 어떻게든 관계를 이어 붙여 보려고 발버둥을 치고 있었고, 아빠의 간병생활이 끝나 무슨 일이라도 시작해야 한다는 압박감에 동시다발적으로 일을 벌여 놓아 몸이 세 개라도 부족할 정도로 바쁘게 살고 있었다. 매일매일 '해야 하는 일'에 치여서 버티는 삶을 사는 와중에 소위 좋은 일을 한다는 사람들이 돈을 횡령하고, 성추행 사건을 없던 일로 덮기 위해 노력하는 모습을 보았다. 이미 기름이 한껏 끼어 있는 내 마음에 불을 놓았다. 나는 그 일들을 빌미 삼아 모든 걸 그만두고 방에 처박혀서 아무것도 하지 않았다. 더 이상 웃을 수가 없어서 아무도 만날 수가 없었다. 그래서 내가 괜찮지 않다는 것을 알았다. 다른 사람들에게는 '괜찮다'는 말을 하며 나로부터 그들을 지켰지만, 나를 지키지는 못했다.

지금 생각하면 번아웃이었던 것 같다. 그때 나는 내가 살아갈 연료를 남겨두지 않은 채 모든 연료를 다 태워버려 다시 연료를 채우는 시간이 필요했고, 이전과는 다르게 살고 싶었다. 그러나 도무지 어떻게 괜찮은 척하지 않고 살 수 있는지 방법을 알지 못했고 도움이 필요했다. 그렇게 심리상담소의 문을 두드렸다. 그때 내가 펑펑 울면서 선생님께 했던 말이 기억난다. 나는 꽤 괜찮은 여건에서 살아가고 있는데 왜 안 괜찮은지 모르겠다고, 내가 괜찮지 않은 것은 사치인 것 같다고. 지금 생각해 보면 터무니없는 생각이다. 집이 있고 가족이 있고 친구가 있는 사람은 힘든 것도 없이 잘 살 거라는 생각. 힘든 게 없어야 한다는 생각. 스스로 그렇게 생각하고 있으니 타인에게도 그런 잣대를 휘두르며 살아가고 있었을 것이다. 내가 괜찮아야 하는 것처럼 타인에게도 '너 왜 괜찮지 않냐?'고 따져 물었는지도 모른다. '괜찮다'는 말로 나는 나도, 타인도 지켜내지 못했다는 걸 깨달았다.

괜찮기를 멈추었다. 내가 괜찮지 않아도 주변 사람들은 괜찮았다. 오히려 더 편해 보였다. 내가 괜찮지 않을 때, 괜찮은 척하지 않아도 괜찮은 사람들이 곁에 있었고, 그들은 내게 심리적 베이

스캠프가 되어 주었다. 더 이상 실없는 사람처럼 아무 때나 웃지 않아도, 아무에게나 미주알고주알 내 이야기를 털어놓지 않아도 괜찮았다.

 지금도 종종 괜찮은 척을 하다가 내 발에 내가 걸려 넘어질 때가 있다. 아직도 배우는 중이다. 내가 괜찮지 않아도 나를 사랑해주는 사람들의 곁에서 살아가면서 그냥 나로 살아도 괜찮다는 것을 배우고 있다. 나는 나의 괜찮은 척으로부터, 모두의 삶이 괜찮지 않다는 것을 배웠다. 누구나 자신만의 힘듦이 있고, 삶은 누구에게나 녹록지 않다는 것을.

우리는 도망치듯 그곳을 빠져나왔다

재활병원에 겨우 입원한 지 2주 정도 되었을 때, 아빠는 VRE라는 감염병에 걸렸다. 아침을 먹고 재활실로 가려는데 담당 의사가 조심스럽게 다가와 상담실로 가서 이야기를 나누자고 했다. 의사는 아빠가 2주 전 받은 피검사에서 VRE라는 감염병에 걸렸음이 확인되었고, 당장 다른 환자들과 분리되어야 하므로 다른 병원으로 옮기거나 퇴원해 집으로 가야 한다고 했다. 아마 받아줄 병원이 별로 없을 거라는 말도 덧붙이며 시간을 줄 테니 내일까지는 처치실에서 격리되어 지내며 어떻게 할지 가족들과 논의해 보고 알려달라고 말했다.

갑자기 병원에서 쫓겨날 신세가 된 우리는 당황스러웠다. 이 병원에서 우리가 있을 곳은 없다고 했다. 다른 병원도 상황은 마찬가지라 우리를 받아줄 곳이 몇 군데 되지 않는데 우리는 감염병에 걸린 아빠를 어떻게 해야 할지 난감했다. 당최 그 병이 왜, 어떻게 걸리게 된 것인지조차도 알 수가 없는데 단 하루 만에 어떻게 결정을 내려야 하는지 막막했다.

한 시간도 눈을 붙이지 못하고 종일 검색과 전화 통화로 갈 수 있는 병원을 알아보고 VRE라는 질병이 무엇이며 어떻게 관리해야 하는지 찾아보았다.

VRE는 뇌 질환을 겪는 이들이 수술을 거치면서 복용하거나 맞는 항생제로 인해 생기는 질병이라고 했다. 항생제를 오랫동안 맞게 되면 내성이 생겨서 걸리는 감염증임을 알 수 있었고, 국가 관리 질병이라고 했다. 감염병이기 때문에 격리가 필요하지만, 격리 시설이 제대로 갖춰진 병원이 거의 없었다. 국가 관리 질병임에도 불구하고 국가가 제대로 관리하지 않고 방치하는 것처럼 느껴졌다. 어떻게 관리를 하고 있다는 걸까? 그저 감염병이 걸린 환자와 가족들에게 그 책임을 전가하고 있는 것으로밖에 보이지 않았다. 시간을 지나오고 나니 이제는 그런 것이 감염병뿐만은 아니라는 걸 알게 되었다.

어찌저찌 서울에 두세 군데 정도의 병원에 입원할 수 있다는 걸 찾아냈고, 통화로 보문역 근처에 위치한 요양병원 한 곳에 바로 갈 수 있다는 걸 알 수 있었다.

대학병원과 재활병원 생활만 4개월을 하다가 간 요양병원은 허름하기 짝이 없었다. 3평 남짓해 보이는 작은 방 안에는 8개의 침대가 다닥다닥 붙어 있었고, 침대는 모두 수동에 군데군데 벗겨진 곳이 있었다. 커튼이나 칸막이도 없는 그 방에는 손바닥만 한 창문과 환풍기가 달려 있었다. 감염병 격리 시설이라는 곳이 환기도 제대로 되지 않고 이렇게 허술하다니 탄식이 흘러나왔지만, 가족들보다는 병원이 아는 게 더 많으니 잘 돌봐주겠지라는 순진한 생각을 했다. 그러나 아빠를 담당하는 의사는 손 소독도 하지 않은 채 진찰을 보았다.

짐 정리를 하고 아빠에게 전후 사정을 설명해주면서 바나나와 두유를 쥐어 주었다. 아빠가 바나나와 두유를 다 먹은 뒤 그 방을 담당한다는 간병인에게 아빠를 잘 부탁드린다는 말을 남기고 우리는 병원을 빠져나왔다.

아빠를 병원에 두고 나오던 순간, 아빠의 눈빛에서 두려움이 느껴졌다. 동시에 그것을 표현해서는 안 된다는 마음도. 그 모습이 내게는 마치 남의 집에 맡겨진 어른스러운 아이처럼 보였다. 엄마를 따라가고 싶지만 우는 건 어른스럽지 않기 때문에 눈물을 삼키는 아이 같았다.

입원 수속을 마치고 차를 타고 골목을 빠져나오는 길에 아빠를 담당하는 간병인이 흡연하는 것을 보았다. '그래, 저 분도 혼자서 그 많은 환자를 돌보는 게 얼마나 힘이 들까?' 하는 생각과 '담배를 피고 난 후에 손은 닦고 아빠를 돌볼까?' 하는 생각이 동시에 들었다. 엄마도, 동생도, 나도 마음이 좋지 않았다. 서로 느낀 감정과 생각들을 나누며 집에 가고 있는데 십 분쯤 지났을까? 아빠를 차라리 집으로 데려가는 게 낫겠다는 생각이 들었고, 병원으로 차를 돌렸다. 그렇게 우리는 도망치듯 아빠를 데리고 나왔다.

아빠의 옆자리에 계시던 할아버지의 얼굴이 아직도 생생하다. 오늘이 오늘인지, 내일이 내일인지 알고는 있을까 싶게 무력하고도 허공에 겉돌던 눈동자. 다른 두 개의 방에는 그런 환자가 여덟 명씩 빼곡하게 차 있었다. 그 환자들을 보며 나는 괘씸하게도 그들을 생각하기보다는 그들의 생을 연장하기 위해 자신의 삶을 저당 잡히며 일을 하고 있을 누군가를 먼저 떠올렸다. 뒤이어 질문이 따라왔다. 저들은 저렇게 누워서 삶을 연장하고 싶었을까? 말하지 못하더라도 의식이 있다면 그들은 어떤 생각을 하고 있을까? 저들이 저렇게 누워만 있다고 해서 존엄하게 살 가치도 없는 것일까?

그 당시 우리가 아빠를 집으로 데려오는 결정은 모험이나 도박같이 느껴졌다. 거동도 제대로 못 하고, 거기에 감염병까지 걸린 아빠를 어떻게 해야 할 지 아무도 몰랐지만 해야만 하기 때문에 그렇게 했고, 우리 가족은 운이 좋게 무사히 그 시간을 지나왔다. 그 운이 좋음은 누군가에게는 해당되지 않는 것일 수도 있음을 알기에 이런 상황이 주어지는 사회가 잔혹하게 느껴진다. 장애인이자 노인이 된 아빠와 함께 살며 매번 맞닥뜨리는 일들을 자매들이 머리를 맞대며 어떻게 어떻게 잘 넘겨가고 있다. 그렇지만 누군가에게는 함께 고민할 사람이 없을 수도 있고, 나이가 든 누군가에게는 민원 처리가 너무 복잡해서 받아야 할 혜택을 못 받을 수도 있고, 정보로부터 격리되거나, 일을 해야 하기 때문에 시간을 내지 못할 수도 있기 때문이다. 그들은 그것이 그들의 문제라고 생각하며 힘든 것도 참아가며 살겠지만 나는 그것이 그들만의 문제나 이유는 분명 아니라고 생각한다.

우리는 운이 좋았다. 아, 이것은 운이 좋았던 게 아니고 우리가 했던 노력이었던가. 우리가 아빠를 죽이지 않고, 가족 중 아무도 목숨을 잃지 않을 수 있었던 것만으로도 운은 충분했던 걸지도 모르겠다.

이 계절이 되어 평범한 일상을 살다가 종종 가슴을 쓸어내린다. 폭탄 돌리기 같은 안락함. 언제 어디서 누구에게 닥칠지 모르는 질병으로 인해 한세상이 전복되는. 예상할 수도 없고 그래서 피해갈 수도 없는.

신이 있다면 이렇게 묻고 싶다

3시, 강의 준비를 마치고 스튜디오에 앉아 강의안을 살펴보고 있었다. 벨이 울린다. 강의는 3시 30분부터 시작인데, 누구지?

"누구세요?"하고 묻는다.

돌아오는 대답은 없고, 문을 두들기는 소리와 문고리를 돌리는 소리가 들린다.

다시 "누구세요?"하고 묻지만, 또 대답이 없다.

찰나의 순간, 문을 열까 말까, 문을 여는 건 정말 바보 같은 짓일지도 모른다, '목숨을 잃게 되면 어떡하지?'라는 생각을 하면서도 문을 연다.

일찍 도착한 수강생이 "선생님~ 너무 일찍 도착했지요?"라며 웃으면서 들어오는데 안도가 되면서 덜컥 가슴이 내려앉는다.

이렇게 두려움을 느낀 것은 이번만이 아니다. 편의점에서 근무하고 있는데, 한 외국인 노동자가 뭐라 뭐라 말을 하며 손가락으로 담배 진열장을 가리킨다. 순간 움찔하며 얼굴을 손으로 감쌌다. 그는 담배를 달라고 말하려 했던 것뿐인데, 나도 모르게 그가 나를 때리려는 것인 줄 알았다. 아마 그가 외국인 노동자가 아니었어도 남성인 이상 나는 움츠러들었을 것이 분명하다.

그가 외국인 노동자여서가 아니라, 남성이었기 때문에 나는 그가 내미는 손에 두려움을 느꼈다.

두려움을 느끼는 것은 매일의 생활이다. 동거인과 함께 사는 집은 산 중턱의 3층짜리 빌라로, 월세가 낮은 대신 그만큼 조금 오래되었고, 집이 낡았다. 창문은 그 흔한 샷시가 아니라 허술하기 짝이 없어서 맘만 먹으면 누구라도 저 창문으로 들어올 수 있을 거라는 생각이 든다. 훔쳐 갈 만한 돈이 되는 물건도 없고, 무언가 훔쳐 가더라도 중요한 것은 없기에 상관없지만, 누구라도 들어올 수도 있다는 사실이 우리를 무섭게 한다. 아무리 우리가 두 사람이더라도 우리는 여성이기 때문에.

자려고 누우면 머리맡의 외벽 뒤로 계단을 오르내리는 발자국 소리, 문을 여닫는 소리, 문 두드리는 소리와 말소리가 바로 옆에 있는 것처럼 들린다. 저벅저벅 계단을 오르는 소리가 들리면 가슴이 서늘해지고, 항문이 쪼그라들면서, 귀를 쫑긋하게 된다. 매일 밤 익숙한 두려움이 자장가라도 되는 것 마냥 엄습한다.

택배 아저씨들은 말이 없다. '택배요~'하는 말도 없이 문을 두들기다가 '누구세요?' 하면 대답도 하지 않고 물건을 놓고 간다. 1분 뒤 '택배 놓고 갑니다'라는 문자가 온다. 그러면 잠시 내가 느꼈던 두려움에 화가 난다.

혼자여도, 둘이어도 느껴지는 이 두려움은 무엇일까요?

신이 있다면 물어보고 싶다.

여름이 온다

 여름이 온다. 바야흐로 아이스크림과 옥수수의 계절이 온다는 것이기도 하다. 어릴 때는 '아이스크림과 옥수수만 삼시세끼 먹으면서 살면 좋겠다'고 생각했다. 어쩌다 아이스크림을 세 개나 먹으면 그날은 아주 기분 째졌고, 옥수수가 집에 있으면 하루종일 옥수수를 입에 달고 살았다. 한 알 한 알 베어 물 때마다 사소한 기쁨이 입 안에서 터졌다.

 단순한 행복감에 젖어 살던 어린 시절이라고 사는 게 녹록지만은 않았다. 스스로 내 삶을 책임지지 않아도 되는 때에도, 사는 건 어려웠다. 무엇이든 처음이었다. 어떻게 하라고 알려주는 사람조차도 자기 삶에 그다지 고수는 아닌 것으로 보였다. 대학을 중퇴하려는 나에게 '등록금을 대줄 테니 대학교 졸업장 정도는 따는 게 좋을 것 같다'고 말하는 아빠조차도. 그는 누구나 대학을 가기 어렵던 시절에 4년제 대학을 졸업하고도 결국에는 백수가 되어 집에서 방황하는 나날을 보내고 있었다. 아빠도 자신이 어디로 향하는지 모르는 것 같았다. 확신에 찬 말로 나를 속일 수는 없었다. 강하게 말하면 말할수록 불안한 눈빛과 결핍된 마음만이 또렷하게 보였다.

 이렇게 사나 저렇게 사나 답이 없다면 마음이 가는 대로 사는 편이 좋겠다고 생각했다. 매 순간 그래왔다고 시원하게 이야기하지는 못하지만 되도록 마음이 흐르는 방향으로 살아왔다. 그러다 보니 삼십 대 중반에 편의점 알바생에, 모아놓은 돈은 350만원, 통장의 잔고는 30만원이 넘은 적이 없고, 월세방 사는 이혼녀가 되었다. 10대에는 감히 상상도 못 해본 지위를 획득했다. 불행하냐고? 행복은 뭔지 불행은 또 뭔지 잘 모르겠지만, 나 자신과 불화하지 않고, 하루를 온전히 내 것으로 살고 있다고는 말할 수 있다. 이렇게 살아보니 겁내던 것들이 사실 별거 아니라는 것도. 마음 가는 대로 산다고 해서 인생 막장이 되지는 않는다는 것도.

 브라를 안 하고 다니면 큰일나는 줄 알았다.
 숏컷하고, 안경을 쓰고 다니면 큰일나는 줄 알았다.
 문신을 하면 큰일나는 줄 알았고,
 이혼을 해도 큰일나는 줄 알았다.
 편의점 알바를 해도 큰일나는 줄 알았다.

 아무 일도 일어나지 않았다.

그저 큰일이 나는 줄 알았던 일을 하나씩 해보니, 내가 옳다고 확신하던 일들이 사실은 그렇지 않다는 사실만을 알게 되었을 뿐이다. 견고하던 나만의 세계가 내가 무언가 경험할 때마다 무너졌다. 나이가 들면서 더 알게 되는 것이 아니라 모르게 되었다. 나는 내가 이런 경험을 하게 될 줄 몰랐고, 이 경험으로 이런 내가 될 줄도 몰랐다. 그러니 타인의 경험을 모르고, 그로부터 타인이 겪게 될 감정도, 생각도, 어떤 삶을 살게 될지도 전혀 모른다고 할 수 있다. 하지만 어쩐지 몰라서 슬프다기보다는 타인도, 타인의 삶도 온전히 모른다는 사실로부터 연결되어 있음을 느낀다. 그 어떤 필터도 장착하지 않고, 지레짐작하지 않고, 투명하게 타인과 마주 앉아 무한한 가능성의 세계를 탐험한다.

그 어느 때보다 더 나 자신으로 살아가고 있다.

입 안에서 터지는 사소하지만 확실한 기쁨, 초당옥수수 만두

만두를 빚다 보면 더위를 잊게 된다. 조금 복잡한 요리를 따라 하다 보면 어느새 그 요리에 푹 빠져 주변의 것들을 잊고, 과정에 몰입하게 된다. 그러다 보면 마음에 걸리던 일들이 훌훌 털어지기도 하고, 어딘가 고여 있던 생각이 다시 흐르기도 하고. 재료 하나하나를 만지고, 만두를 빚고, 굽거나 찌는 과정 자체가 마음을 어루만져 준다.

재료는 고춧잎 대신 비름나물이나 참나물 등 구하기 쉬운 초록 나물로 대체가 가능하다. 단, 이 레시피에서 초당옥수수는 대체가 불가능하니 초당옥수수 대신에 찰옥수수를 넣거나 하는 불상사가 없으시기를! 초당옥수수가 없는 계절에는 집근처 생협에 판매하는 옥수수 병조림을 이용하면 조금 더 간편하게 만들 수 있다.

입 안에서 터지는 사소하지만 확실한 기쁨,
초당옥수수 만두

재료

만두피(30개), 두부 한 모, 대파 한 줌, 초당옥수수 반 개, 양파 작은 것 한 개, 고춧잎 150g, 당면 한 줌

조리 과정

① 두부는 간수를 빼서 준비하고, 당면은 찬물에 미리 불려 놓는다.

② 당면을 불리고, 두부 간수가 빠지는 동안 재료를 손질한다. 대파와 양파는 흐르는 물에 씻어 새끼 손톱 반 개 크기로 다진다. 다진 후 양파에는 소금 한 꼬집 버무려 둔다.

③ 초당옥수수 반 개는 알알이 떼어 둔다.

④ 고춧잎은 잎만 떼어 물에 깨끗이 씻는다. 물기를 탈탈 털어준 뒤 끓는 물에 소금을 넣고 데친다. 살짝 데친 후 건져내어 어느정도 식으면 물기를 꼭 짜서 종종 썰어 둔다.

⑤ 기름 두른 팬에 대파와 양파, 초당옥수수를 볶는다.
(이 때 두부를 으깨어 볶아주면 두부 특유의 냄새를 날리고 고슬고슬한 식감으로 조금 더 맛있게 즐길 수 있다.)

⑥ 당면을 칼이나 가위로 새끼 손가락 한 마디 길이로 자른다.

⑦ 두부는 손으로 으깨고, 모든 재료를 볼에 넣고 잘 섞는다.

⑧ 간은 진간장 3큰술, 소금 1작은술로 하고 후추를 조금 갈아 넣는다.

⑨ 만두를 빚는다.

Tip! 냄비에 찜기를 올려 5분 정도 쪄서 먹어도 좋지만 프라이팬에 기름을 두른 뒤 양면을 노릇하게 구워 먹으면 더 맛있다. 한꺼번에 많이 만들어 둔 뒤 냉동보관해도 괜찮다. 다만, 냉동보관할 때는 만두를 쪄서 식힌 후에 냉동하도록 한다.

혹시 만두를 다 빚고 만두소가 남는다면 식은 밥, 냉동고에 잠자고 있던 밥을 넣고 진간장을 더해 볶음밥으로 먹어도 좋다. 일부러 해 먹을 만큼 정말 맛나다.

곁들이는 요리, 양배추 비빔

재료
양배추 1/4통, 당근 작은 것 1개, 고추장 3큰술, 매실액 3큰술, 조청 1큰술, 식초 2큰술, 참기름 1큰술

조리 과정
① 양배추는 흐르는 물에 씻은 뒤 얇게 채 썬다.

② 당근은 껍질을 벗기지 않고 칫솔같은 것으로 깨끗하게 씻은 뒤 얇게 채 썬다.

③ 채 썬 양배추와 당근에 모든 양념을 넣고 잘 섞어 준다. 바로 먹어도 맛있고, 30분 정도 지난 뒤에 먹으면 양념이 배어 더 맛있다.

9월

채소생활자

 매일 밥을 먹으면서도 밥은 누군가 내게 내어준 생명이라는 사실을 자주 잊는다. 단순한 진리도 되새김질하지 않으면 이내 잊혀진다. 그렇기에 좋은 문장을 곁에 두듯이, 일상을 가꿔나가는 게 중요한지도 모른다. 매 끼니 흙이 묻은 채소를 직접 손질하며 밥상을 차리고, 계절의 흐름을 느끼며 달리고, 타인이 쓴 글을 읽고, 곁에 있는 이들의 목소리를 들으면서 말이다. 내 안의 소리를 듣고, 생명력을 느끼고, 깨닫고, 되새김질하기 위해서.

 내게 주어진 오늘은 내가 끼니마다 먹는 채소에서 온 것이고, 그러니 내 삶의 모든 부분이 채소가 준 것이라고 해도 과언은 아니다. 내가 하는 생각, 내가 느끼는 감정 모두 채소에서 온 것이나 마찬가지이다.

 채식하며 가장 많이 듣는 질문 중 하나가 채식하면서 달라진 게 무엇이냐는 질문이다. 가장 많이 느끼는 부분은 먹을 것을 내가 선택할 수 있다는 것에서 오는, 내가 먹고 싶은 것을 직접 만들어 먹는다는 것에서 오는 주체적인 자유로움이었다. 근무하는 시간은 내가 내 마음대로 할 수가 없는데, 먹는 것은 내가 직접 선택할 수 있다. 고기를 먹지 못하는 건 선택의 자유가 없는 것 아니냐고 많이들 묻는데, 먹지 못하는 게 아니라 먹지 않는 것이다. 발에 채이는 게 동물로 만든 음식이다. 일상 속에서 매일 마주하는 것을 선택하지 않는다는 것은 생각보다 힘이 강하다. 선택하지 않는 결정을 하면서 내면의 힘을 기르고, 그 힘을 실제로 발휘하면서 나 혼자만 잘 사는 것이 아니라 나와 연결된 무수한 개체들과 함께 살고 있다는 감각은 내가 사는 세상을 더 넓혀주었고, 보이지 않는 것에 눈을 뜨게 해주었다. 곁에 있는 사람들의 미세한 소리에 더 섬세하게 반응하게 되었으며, 눈에는 보이지 않지만 우리의 세계를 이루고 있는 미생물들의 존재도 감각할 수 있게 되었다. 나는 지금 여기 존재하지만, 나는 내가 사는 동네, 내가 사는 나라, 이 지구에만 살고 존재하는 것이 아니라 저 지구 반대편에 살고 있는 존재들과도 연결되어 있다는 걸 느낀다.

채식을 하며 내 안에 무한한 가능성이 있음을 발견했다. 채식뿐만 아니라 '하고 싶은 것은 할 수 있다'는 믿음은 나 자신에 대한 생각을 완전히 바꿔 놓았다. 누가 시키지 않아도 무엇이든 할 수 있다는 걸 믿게 되었고, 실제로 그걸 알게 된 이후로 누가 시키지 않아도 일주일에 2~3번 달리기를 하고, 매일 저녁 글을 쓰고, 밥도 직접 해먹으면서 내 삶의 기본이 되는 것들을 꾸준히 해 나가고 있다.

처음부터 이렇게 좋기만 했던 것은 아니다. 채식한 지 1년 정도 되었을 때는 너무나 비거니즘veganism에 심취한 나머지 '이렇게 하지 않으면 안 된다.'라고 스스로를 억압하며, 다른 이들에게도 변화를 강요했다. 그러다 보니 마음이 뾰족해져서 여기저기를 쑤시고 다녔고, 그 뾰족한 마음으로 스스로를 괴롭혔기에 변화를 잘 느끼지 못했다. 그러나 그 시간도 필요했다는 생각이 든다. 동물을 평생 먹으며 살다가, 동물을 먹지 않는 시간을 살게 되었으니 오죽했겠는가. 극과 극을 오가며 시행착오를 겪은 뒤 비로소 균형을 맞출 수 있게 되었다.

 나와 다른 생명의 다양성을 인정하게 되면서, 나와 같은 종인 인간을 바라보는 관점도 달라졌다. 인간들을 지독하게도 미워할 때는 스스로 괴롭기만 했다. 미워하는 마음으로는 아무 것도 달라지지 않았다. 변화는 다정에서부터 온다. 다정함은 강하고 사람도 변하게 한다. 의도한 것은 아니지만 채소 생활이 점점 편해지고, 스스로 맛있게 먹고 즐겁게 살면서부터 주변 사람들이 하나둘 변해갔다. 말로 채소생활이 얼마나 좋은지 설파하지 않아도 곁에서 보고 느끼고 경험한 사람들은 자신의 생활에도 채소를 가까이 두었다. 아마 지독하게 스스로를 괴롭힌 1년의 시간이 없었다면 지금의 내 모습이 달라졌을지도 모른다. 부끄러워서 없었던 셈 치고 싶은 시간이지만, 내 몸의 상처 하나 점 하나 버릴 것이 없듯이 내 삶의 실수 하나 잘못 하나 버릴 것이 없다. 그렇게 4년이 다 되어 간다.

채식을 처음 시작하는 사람들에게,
초간단 콩국수

채식을 처음 시작할 때의 계절은 한여름이었다. 요리를 별로 해 본 적도 없고 뭘 어떻게 먹어야 할지 막막했을 때 나의 채식 생활을 가능하게 해준 메뉴가 이 콩국수이다. 본가에서 여름이면 엄마가 자주 해주던 메뉴 중의 하나였는데, 별다른 기술 없이도 맛을 낼 수 있는 메뉴라서 일주일에 서너 번은 콩국수를 말아먹었다. 특히나 여름철은 땀도 많이 흘리고, 쉽게 기력이 떨어질 수 있는 계절인데 보양식으로 콩국수 한 그릇만한 게 없다.

한 번에 많이 만들어서 냉장고에 넣어 놓고 보관이 가능하며, 면뿐만 아니라 밥에도 말아 먹을 수 있고 올리는 고명에 따라 색다른 한 그릇이 된다. 누구나 집에 갖고 있는 재료들로 만들 수 있는 메뉴이기도 해서, 채식을 처음 시작하는 사람이라면 한 번 만들어 볼 것을 권한다.

채식을 처음 시작하는 사람들에게,
초간단 콩국수

재료
두부 반 모, 잣 2큰술, 참깨 1큰술, 두유 500ml, 소금 2작은술, 우리밀 통밀국수, 오이 1개

조리 과정

① 두부 반 모, 잣 2큰술, 참깨 1큰술, 두유 500ml, 소금 2작은술을 믹서기에 넣고 간다. 기호에 따라 농도는 조절이 가능하다. 걸쭉한 것이 좋으면 두유를 조금 덜 넣고, 묽은 것이 좋으면 두유를 더 넣도록 한다. 곱게 갈면 갈수록 좀 더 고급스러운 콩국수가 된다. 참깨는 절구에 한 번 곱게 갈아서 넣는 편이 좋다. 잣 대신에 호두, 땅콩 등 다른 견과류로 대체 가능하며, 견과류가 없다면 생략해도 무방하다. 이때 사용하는 견과류는 프라이팬에 한 번 볶아서 고소한 향을 끌어 올린 후에 갈아주면 더 맛있게 즐길 수 있다. 참깨도 검은깨로 대체 가능하다. 완두콩이 나오는 계절에는 두부 대신 완두콩을 삶아 갈아 주면 완두콩물을 만들 수 있다. 완두콩은 콩깍지채 삶아 주면 완두콩의 단맛을 더 잘 느낄 수 있다. 냄새를 맡아가며 풋내가 나지 않을 때까지 삶아 준 후 체반에 받혀 식힌 뒤 깍지와 콩알을 분리한다. 2인분에 2/3컵을 사용하면 알맞다.

② 면 삶을 물을 끓인다. 면 삶을 물은 많이 잡지 않는다. 소면은 한 번 부르르 끓으면 찬물을 넣어서 다시 끓이고, 또 한 번 부르르 끓으면 찬물을 넣어서 다시 끓이기 때문이다. 그렇게 찬물을 2~3번 부어가면서 끓이게 되면 면이 붇지 않고 탄력이 있으면서 속까지 잘 익는다.

③ 오이는 굵은 소금으로 닦고, 껍질을 벗기지 않고 곱게 채 썬다. 모든 야채는 껍질과 함께 먹어야 서로 상호보완이 되면서 영양분 흡수가 더 잘되고, 건강에도 좋다. 오이가 집에 없다면 다양한 채소를 곁들일 수 있다. 깻잎이나 상추를 곱게 채 썰어서 올려도 좋고, 조금 추운 계절에는 볶은 우엉채나 당근 채를 곁들여도 좋다. 무가 있을 때는 무를 곱게 채 썬 후 소금에 살짝 버무려두었다가 곁들여서 먹는다.

④ 면이 다 삶아지면 찬물에 여러 번 헹군 후 물기를 뺀다. 찬물이나 얼음물에 헹구어 면발의 탄력을 살려 준다. 헹군 면을 체반에 받쳐 물기를 충분히 뺀 뒤 콩국물을 부어 먹는다.

먹는 습관

밥을 꼭꼭 씹어 느긋하게 먹어야지 하고 생각했다. 무엇을 먹는가만큼 어떻게 먹는지도 중요하니까.

과거에 나는 꽤 오랫동안 바리스타로 일했다. 여럿이 근무하는 매장도 있었지만, 주로 작은 카페에서 혼자 일하는 경우가 많았다. 혼자 일하는 건 아무래도 괜찮았지만, 밥 먹을 때가 항상 문제였다. 혼자 있다 보니 매장에서 식사하곤 했는데, 먹다가 손님이 오면 입에 있는 음식물을 다 씹지도 않고 삼키고는 했다. 밥 먹다 말고 손님을 맞아야 하는 게 너무 싫어서 밥 먹을 때면 제대로 씹지도 않고 5분 안에 얼른 먹어 치웠다. 그러다 보니 빠르게 먹는 게 습관이 되어 일할 때뿐만 아니라 평소에도 맛과 향을 음미할 새도 없이 빠르게 식사하게 되었다. 무얼 먹어도 제대로 에너지가 된다는 느낌이 없었고, 끼니는 '때우는 것', '처리해야 하는 것' 쯤으로 여겨졌다. 그렇게 먹다 보니, 나는 먹는 것뿐만 아니라 모든 걸 빠르게 처리하는 사람이 되어 있었다. 식사할 때의 속도가 내 삶의 속도가 되었다. 다음 날도 그 다음 날도 해야 할 것도 가야 할 곳도 없는 자유로운 날에도, 혼자 있을 때도 늘 바쁘게 살았다. 그렇게 살고 싶지 않았다. 빠르게 갈 수 있는 길도 조금 천천히 걸으면서 아주 작은 부분까지 눈에 담으며 삶을 음미하며 살고 싶었다. 그래서 나는 짧고도 긴, 내 20대의 전부가 담긴 카페를 떠났다. 먹는 것이 내가 바리스타를 그만둔 결정적인 이유는 아니었지만, 제법 큰 영향을 끼쳤다. 더 이상 밥 먹을 때마다 쫓기듯이 살고 싶지는 않았기 때문에.

이후에 마크로비오틱을 만나면서 요리하는 방식뿐만 아니라, 삶의 전반적인 부분이 많이 바뀌었다. 수업이 끝나고 나면 선생님과 식사를 같이 한다. 처음 몇 달은 익숙해지느라 생각할 겨를이 없었지만, 시간이 지나면서 선생님과 나의 밥 먹는 속도의 차이를 깨닫게 되었다. 선생님이 두세 숟갈 드실 때 나는 밥을 거의 다 먹었다. 처음 깨달았을 때는 좀 충격적이었다. 다른 수강생들도 있을 때는 잘 몰랐으나, 코로나로 인해 선생님과 둘만 식사를 하게 되면서 차이가 확연하게 드러났다. 차이를 깨닫게 된 후로는 밥 먹을 때마다 머릿속으로 '천천히 먹어야지' 하고 되뇌며 속도를 점점 늦춰나갔다. 그러다 보니 몸의 구석구석 자리하고 있던 긴장이 조금씩 풀어지면서, 밥 먹을 때뿐만 아니라 요리할 때도 느긋해지게 되었다. 어느 한 날 이 모든 게 바뀐 것은 아니었다. 아마 밥 먹는 속도만으로 모든 게 바뀐 것도 아닐 것이다. 그저 하루하루 조금씩 다른 방향으로 나아가다 보니 과거와는 다른 곳에 와 있었을 뿐. 아직도 밥 먹는 속도는 선생님을 따라가려면 멀었고 자주 까먹어서 다시 되새김질을 여러 번 해야 하지만, 내게 음식을 대하는 태도가 곧 삶의 태도가 된다는 것을 알게 되었다.

 10년이라는 시간은 짧고도 길어서 아직도 내 정체성의 많은 부분은 손이 빠르고 궁둥이가 가볍다. 요즘은 편의점에서 일하면서 밥 먹는 속도가 다시 빨라지고 있다. 그래서 오늘 아침 도시락을 먹으면서는 다시 주문을 되뇌어 보는 것이다.

 '천천히, 꼭꼭 씹어서, 느긋하게'

 삶을 앞에 두고 헐레벌떡 쫓아가는 것이 아니라,
 나란히 걷고 싶으니까.

곁

 드라마 ≪우리들의 블루스≫에서 우울증을 앓고 있는 선아는 남편과의 양육권 소송에서 패소한 후 밥도 먹지 않고, 걷기만 한다. 그런 선아를 보며 걱정이 된 동석은 답답함에 이렇게 말한다.

 "애도 있으면서 어떻게든 살아 보려고 해야지. 새끼야!! 정신 좀 차려야 될 거 아니야. 밥도 안 먹고, 물도 안 마시고!"

 선아는 이렇게 답한다.

 "내 전남편처럼 얘기하지 마. 우리 엄마처럼 얘기하지 마! 대체 선아야, 너 언제까지 슬퍼할 거냐고 언제 벗어날 수 있을 거냐고 묻지 마! 나도 내가 언제까지 슬퍼할 지, 언제 벗어날 수 있을 지 몰라서 이러는 거니까! 이런 내가 보기 싫어? 보기 싫으면 떠나면 돼. 어렸을 때 우리 엄마처럼, 전남편 태훈 씨처럼, 안 잡아. 나 좀 내버려 둬! 나 그냥 이렇게 살다….."

 2년 전의 내 모습이 생각났다. 선아의 마음이 꼭 내 마음 같았다. 언제 끝날지 모르는 터널에서 걸어 나올 힘도 없어 털썩 주저 앉아 있던. 나는 어떻게 그 시간을 지나왔던가.

 그때 막 동거인과 함께 살기 시작했다. 우리는 안 지 2개월 정도 되는 사이였고, 서로 잘 몰랐다. 서로에게 어떤 기대를 하지도 않고, 바꾸려고 하지도 않고, 말을 하고 싶으면 말을 하고, 그러지 않을 때는 각자의 시간을 보내며 한 공간에 존재했다. 무슨 일이냐고 아무것도 묻지 않는 그녀에게 고마워하던 기억이 난다. 그때, 때로는 질문을 하지 않는 것도 위로가 될 수 있음을 배웠다. 그저 내가 왔다 가도록, 부러 위로하려 노력하지 않고 자신이 할 일을 하며 곁을 내주는 그녀와 함께 살고 있었기에 나는 다시 세상 밖으로 걸어 나올 수 있었다.

 누가 힘들 때 곁에 있어 주기만 해도 힘이 된다는 말은 참 진부하지만, 경험하고 나니 그 말만큼 공감가는 말도 없다. 누군가 힘이 들 때 무얼 해주지 않아도 괜찮다. 그저 오고 싶으면 오고, 가고 싶으면 가고, 말하고 싶으면 말하고, 침묵하고 싶을 땐 그럴 수 있도록 놔두면 된다. 어쩌면 그건 위로의 전부일지도 모른다.

 지금도 나는 내가 존재하고 싶을 때는 살며시 그녀의 곁에 다가가 앉고, 존재하고 싶지 않을 때는 조금 멀리 떨어져 앉는다.

 완벽하게 무해할 수는 없고 그리하여 의도하지 않아도 상처를 주게 되지만, 그럼에도 불구하고.

동거인과 함께 먹은 토마토 덮밥

 책 표지에 담겨 있는 요리로, 만들어 놓은 토마토소스가 있다면 쉽게 즐길 수 있는 요리다. 토마토소스를 만들 여유가 없거나, 귀찮다면 밥을 지을 때 토마토를 함께 넣고 밥을 지어도 좋다. 토마토를 넣고 밥을 지을 때는 소금을 약간 넣어 주도록 하고, 물을 계량하기 전에 토마토를 먼저 넣은 후에 물을 계량하면 수분이 알맞다. 두부구이를 곁들이면 속이 든든하지만, 두부구이 이외에 애호박이나 가지를 구워 곁들이거나 느타리버섯을 구워서 곁들여도 맛있다.

재료(2인분)

토마토 1kg, 말린 허브 가루 1작은술, 소금 1작은술, 두부 1/3모, 밥 2공기, 진간장 2/3큰술, 물 1/4컵

조리과정

① 토마토는 흐르는 물에 깨끗이 씻고 꼭지를 딴 후 블렌더에 갈아 준비한다.

② 냄비에 블렌더에 간 토마토와 말린 허브 가루, 소금 1작은술을 넣고 졸인다.

③ 토마토소스는 좋아하는 농도로 졸이면 된다. 수분이 많이 날아가면 날아갈수록 오래 보관이 가능하고, 기호에 따라 양파나 마늘을 추가해 주어도 좋다.

④ 두부는 미리 간수를 빼서 먹기 좋은 크기로 잘라 준비한다.

⑤ 프라이팬에 기름을 넉넉히 두르고 두부를 노릇하게 굽는다.

⑥ 양면이 노릇하게 구워졌다면 물 1/4컵과 진간장 2/3큰술을 넣어 양념이 모두 스며들 때까지 졸여 준다.

⑦ 밥 위에 토마토소스를 얹고, 두부를 얹어 비벼 먹는다.

나는 왜

 어제 도시락을 싸면서 '나는 왜 이렇게 도시락을 열심히 싸는가'에 대해서 생각했다. 오전에는 편의점, 오후에는 영화 타이핑 알바를 하고, 집에 와서 채소를 다듬고 요리해서 도시락을 싼다. 이렇게까지 내 입으로 들어가는 것에 열심히 하는 이유가 무엇일까.

 어떨 때는 내가 나 자신을 돌보는 것이, 나의 마음을 살피고 건강을 챙기는 것이, 나의 안위를 우선순위의 제일 앞에 두는 것이 죄책감이 들 때도 있다. 저기 광장에 나가지 않는 것이, 내가 모르는 차별에 대해서 더 공부하거나 목소리를 내지 않는 것이, 사람들과 연결되기 위해서 시간을 내지 않는 것이.

 증조할아버지가 이름을 지을 때, 언니와 동생은 큰일을 할 이름으로 짓고 내 이름은 작은 일을 할 사람으로 지었다고 했다. 그래서인가. 나는 큰일을 해서 널리 이름을 날리고 큰 빛이 되기보다는, 주변 사람들에게 작은 손난로 같은 사람이 되고 싶다. 그러기 위해서 우선, '나부터 사람들에게 안전한 사람이 되는 것', '나라는 사람이 흉기가 되지 않는 것'이 무엇보다 중요하다는 생각이 든다. 그래서 나는 다른 일들을 다 제쳐두고 오늘도 나를 돌보기 위해 도시락을 싼다.

성공한 덕후

나는 성공한 엄마덕후다.

영화 ≪니얼굴≫은 캐리커처를 그리는 은혜 씨의 이야기이다. 4년간 2,500점가량의 캐리커처를 그려 전시도 하고, 책에 들어갈 삽화를 그리기도 하고, 예술가의 집에 공모도 하며 작업을 이어 나가고 있다. 한 인터뷰에서 그림을 그릴 때 무슨 생각을 하냐고 물으니, 선배인 김미경 작가 생각을 한다고 대답했다. 좋아하는 사람을 떠올리며 그림을 그리면 행복하다고.

나는 엄마를 떠올렸다.

어릴 때 엄마 무릎을 베고 누워 있는 일을 꽤 좋아했다. 다른 애들은 엄마를 찾지도 않고 잘만 노는데 나는 잘 놀다가도 한 번씩 엄마를 두 눈으로 확인하러 왔다 갔다 했고, 놀다 말고 엄마 무릎에 누워 지금은 하나도 기억나지 않는 어른들 이야기를 주워 들었다. 지금도 가끔 엄마 무릎을 베개 삼아 눕는다. 그러면 엄마는 부드럽게 내 머리칼을 쓸어 넘기고, 귓불을 만져주며 이 얘기 저 얘기를 조곤조곤 들려준다. 무릎에서 전해져 오는 엄마의 심장 고동 소리와 시원하고도 따끈한 온기가 온몸 구석구석 숨어 있던 긴장감을 살살 풀어준다.

그러고 보면 엄마를 그렇게나 좋아했는데 엄마와 둘이서만 시간을 보낸 기억이 거의 없다. 엄마는 딸 넷을 낳았다. 나는 태어났을 때부터 언니라는 존재가 있었고, 그러고도 동생이 둘이나 있었으니 내가 엄마와 단둘이 시간을 보내기는 어려운 일이었을 것이다. 엄마와 함께한 시간 중 내게 좋은 추억으로 남아 있는 시간의 대부분은 음식에 관한 시간이다. '토마토 파스타에 김치를 넣다니! 우리 엄마 천재 아닌가?' 하며 김치 토마토 파스타를 먹던 기억이나, 김을 굽고 기름을 바르는 엄마 옆에 앉아 소금을 치던 일이라던가.

봄나물을 좋아하던 엄마는 때가 되면 쑥, 냉이뿐만 아니라 고들빼기김치나 가죽나물 같은 것들을 해주었다. 한번은 엄마가 가죽나물을 하도 맛있게 먹길래 따라 먹었다가 입맛을 버렸던 기억이 있다. '엄마는 왜 이런 맛없는 걸 맛있다고 할까?' 하면서. 엄마는 전업주부였기 때문에 분명 그것 말고도 함께 보낸 시간은 많았을 텐데 기억에 남아 있는 시간은 대부분 음식에 관한 시간이었다. 그 시간이 나를 요리의 세계로 이끌었다.

엄마가 해 줬던 음식을 직접 해 보면서 '이렇게 올라온 반찬이었구나'하고 엄마의 시간을 경험하고, 매일 요리하면서 엄마의 '삼시 세끼 반찬 뭐 해야 하나'하는 고민을 이해한다. 새로운 것을 배우면 '엄마도 먹여주고 싶다'하는 생각이 제일 먼저 든다. 요리하며 엄마를 느끼고, 엄마를 떠올리고, 내 안의 엄마를 찾는다. 그런 마음으로 주방에 선다. 엄마가 내게 주던 사랑이 요리에 담긴다.

그러니 엄마 덕후로서는 꽤나 성공한 삶이 아닌가 싶다. 누군가의 사랑을 매일 먹고 살았던 기억을 매일 다시 확인하니까.

누군가 내어 주는 한 끼를 먹으며, 자신도 자신을 사랑하지 못할 때조차 나를 사랑하는 사람이 존재한다는 사실을 떠올린다면 좋겠다. 그게 꼭 엄마는 아니더라도, 이 음식을 분주하게 만들어 냈을 주름지고 거칠어진 누군가의 손을 떠올리며, 보이지 않는 손이 오르막에서 살며시 등을 밀어 주고 있다고.

세계 최고 요리사가 해 주던
김치 토마토 파스타

 엄마는 종종 난해한 요리들을 해 주고는 했다. 닭백숙에 칼국수면을 넣는다거나, 토마토 파스타에 김치를 넣는다거나 꽃을 튀김으로 튀겼다. 처음에 우리 자매들은 '이게 뭐냐'면서 질색을 했지만, 한입 맛보고 나면 엄지를 치켜들지 않을 수가 없었다. 이런 음식들을 먹고 자라면서 나는 우리 엄마가 천재 요리사, 세계 최고 셰프님이라고 생각했다. 엄마의 요리를 우리만 맛보는 게 아쉬울 정도였는데, 나중에 알고 보니 우리 엄마만의 비밀 레시피는 아니었다. 처음에는 다른 사람이 우리 엄마 레시피를 훔쳐 간 줄 알았다.

 엄마가 해 줬던 요리 중 김치 토마토 파스타는 지금도 자주 해 먹는 요리다. 토마토소스를 만들면 꼭 한 끼는 이 파스타를 해서 먹는다. 여유가 있을 때는 당근이나 애호박을 다져 넣기도 하지만 양파만 넣어도 맛있다. 다져진 채소가 들어가기 때문에 파스타 면으로는 푸실리 같은 숏파스타가 잘 어울린다. 숟가락으로 소스와 면을 함께 퍼먹으면 온 세상을 다 가진 기분이 든다.

세계 최고 요리사가 해 주던 김치 토마토 파스타

재료
토마토소스 2컵, 김치 주먹만큼, 양파 1/2개, 파스타면(푸실리) 2인분

조리과정
① 김치와 양파는 새끼손톱 크기로 다진다.

② 팬에 기름을 두르고 양파를 먼저 볶는다.

③ 양파의 매운 냄새가 날아가고 달큰한 냄새가 올라오면 다진 김치를 넣고 볶는다.

④ 김치가 충분히 익으면 토마토소스 2컵을 넣고 잘 섞는다.

⑤ 파스타면이 다 삶아지면 소스를 얹어 낸다.

러브버그 대소동

· 얼마 전, 은평구와 서대문구에는 대소동이 있었다. 파리와 모기가 섞인 것처럼 생긴 벌레들이 대거 출몰했기 때문이다. 그들은 볼 때마다 두 마리가 궁둥이를 붙이고 있었다. 한 마리가 한 마리를 질질 끌고 다니는 것처럼 보이는 게, 제법 소름이 끼쳤다.

어느 날은 편의점 아침 출근을 해 문을 열려고 보니, 투명창에 사랑을 나누는 버그들이 잔뜩 붙어있었다. 그뿐만이 아니었다. 바깥이든, 안이든 관계없이 새카맣고 빼곡하게 널브러져 있는 것은 물론이오, 날아다니는 친구들도 있었다. 전혀 위협적이지는 않았으나 한 번에 너무 많은 개체수를 보니 제법 징그러웠다. 아침마다 출근해서 제일 먼저 하는 일은 물건을 정리하는 일이었는데, 곤충 사체들을 쓸어 담는 일로 바뀌었다. 하루, 이틀, 삼일. 편의점뿐만 아니라 우리가 사는 빌라 바깥에도 있었고, 복도에도, 집 안에도 들어오기 시작했다.

아침마다 보다 보니 그들의 존재가 궁금해지기 시작했다. 어디서 온 것이며, 이름은 무엇인지. 궁금증이 증폭되던 찰나에

@2da 님이 올린 만화를 보고 그들의 이름은 '러브버그'이며, 삼일동안 섹스만 하다가 알을 낳고 죽는다는 이야기를 보게 되었다. 이름을 알게 되자 더 많은 정보를 얻을 수 있었다. 검색창에 이름 네 글자를 넣어보았다. 가장 먼저 뜬 것은 기사였다. 장마가 길어지면서 산에서 나온 거라고도 적혀 있었고, 수입한 자재에 곤충알이 딸려 와서 서식하게 된 외래종이라는 이야기도 있었다. 그뿐만 아니라 대처가 조금 늦기는 했지만, 방역을 하고 있다고 했다.

그들이 출몰한 지 며칠 되지는 않았지만, 러브버그의 존재가 지긋지긋해지던 참이었다. 아침마다 아이스크림 냉장고에 맺힌 이슬과 함께 다닥다닥 붙어있는 그들을 걸레로 쓸어낼 때마다 온몸에 소름이 와다다 돋았으므로, 이제 사라지게 될 것을 생각하니 속으로 좀 꼬셨다. 방역을 시작한 지 한 일주일쯤 되었을까. 러브버그가 사라졌다. 그 많던 애들을 하나도 볼 수가 없게 되었다. 아침마다 할 일이 하나 줄어 몸이 편해지고, 집안에서 불편한 손님을 마주할 일이 없어 안심이 되었지만 어딘가 꺼림칙했다.

러브버그의 출몰 이전에는 다양한 벌레들이 편의점을 활보하고 다녔다. 모기나 나방뿐만 아니라 이름 모를 벌레들이 불빛을 찾아 들어오고 나갈 곳을 찾지 못해 방황하고 있었는데, 방역 이후로는 그들도 찾아볼 수 없게 되었다. 너무 깨끗해진 것이다. 벌레가 없는 것은 깨끗한 것인가… 그렇다면 벌레는 나와 다르다는 이유만으로 더러운 것인가….

 돌이켜 보니 매년 있던 일이었다. 대상만 바뀌었을 뿐, 작년에는 대벌레가 재작년에는 노래기가 있었다. 한 존재가 이리도 쉽게 사라질 수 있다니.

 의도치 않았지만, 그 존재와 함께 사라진 존재들의 자리에 어떤 결과가 나타날지 아직은 아무도 모른다. 러브버그는 왜 그렇게 많았던 걸까? 어쩌면 러브버그를 없애는 것은 임시방편이었을지도 모른다. 무언가 많아졌을 때는 많아진 이유가 있었을 것이다. 천적의 개체수가 줄어들었을지도 모르고, 이상기온으로 그들이 살기 적합한 환경이 되었을지도 모를 일이다. 외래종이기 때문에 천적이 없을 수도 있고. 당장은 사라졌기에 불편함이 없을 테지만 러브버그가 가고 나면 거기서 끝이 아니라 다른 곤충이 나타날 것이다. 메르스가 가고, 사스가 온 것처럼. 사스가 가고 코로나가 온 것처럼. 이제까지 해 온 것을 바꾸지 않으면 우리는 언제까지고 이 과정을 계속 반복하겠지.

34년이 담겼을지도 모른다

이글이글 타오르는 아스팔트 위로 걷기가 힘들었다. 가만히 서 있는 것도 힘든데, 이런 날에 차가운 바람도 없는 곳에서 앉아 채소를 파는 할머니와 안전복과 안전모까지 쓰고 무거운 짐을 나르며 아파트를 만드는 사람들이 있다. 어쩌다가 사람들은 지구 안에 들어 있는 뜨거운 것을 밖으로 꺼낼 생각을 다 했을까? 그것이 길이 되고, 자동차를 움직일 수 있다는 것을 어떻게 알았을까? 그 덕에 편의를 누리며 살지만, 지구 안의 뜨거운 것을 밖으로 꺼낸 죄를 달게 받고 있다고 생각하니 아찔하다. 더군다나 그 죄가 편의를 누리고 있는 사람들에게는 미치지 않고, 아무것도 모르는 사람들의 생과 사를 좌우하고 있다. 어찌 되었든, 이런 계절에는 밖에서 일하는 어른들에게도 여름방학이 필요하다.

요리할 때 종종 떠오르는 사람이 있다. 최근 마크로비오틱 수업에는 강청국장이 나오고 있는데, 청국장 냄새를 맡으면 S가

떠오른다. 그 친구는 몇 년 전 나의 모습과 똑 닮아 내 마음속에 들어앉아 있는 것처럼 느낄 때가 간혹 있다. 나는 말은 많지만 힘이 들 때 정작 타인에게 나의 힘듦을 나누지 않는데, 말하지 않아도 어떻게 알았는지 S가 내 마음을 알고 손을 내밀어 주어 고마웠던 때가 있다. 그 친구와는 한때 함께 일한 적이 있는데, 퇴근할 때면 '언니 오늘도 청국장 먹을 거야?'라고 물어왔다. 겨울이라 그해에 직접 담근 청국장을 매일 같이 먹던 때였다. 요리하다 그 친구의 장난스러운 얼굴과 질문이 떠오르면 나도 모르게 피식 웃게 된다.

 몇 달 전 마지막으로 만났을 때 S가 힘들다며 일하는 곳에서의 이야기를 들려주었다. 무게가 꽤 나가는 외부 작업물을 정리하다가 아차 하면 깔려 죽을 것 같은 위험을 느끼고 다급하게 대표를 불러서 살았다고 했다. 외부 작업물이 자신 쪽으로 서서히 쏟아지는데 '아 이렇게 죽을 수도 있겠구나' 하는 생각이 들어서 너무 무서웠다고 했다. 그 이야기를 듣는데 나도 모르게 눈물이 뚝뚝 떨어졌다. 가끔 연락이 올 때마다 S는 같은 이야기를 반복한다. 또다시 도망치는 것은 아닐지 두렵다고, 이렇게 살아도 되는지 모르겠다고. 나는 번번이 별말을 건네지 못한다. 도망쳐도 괜찮다고, 도망쳐야 할 때는 도망칠 줄 알아야 한다는 말만 반복할 뿐이었다. 그러다가 어제 번뜩 어떤 생각이 머릿속을 스쳐 지나갔다. 중복인 어제는 아스팔트에 온몸이 녹아내릴 것 같은 날이었는데, 자전거를 타고 집에 돌아오다가 아파트를 짓고 있는 현장을 보게 되었다. 공사장에서 근무하는 아저씨가 안전

모를 쓰고, 보기만 해도 더운 안전복을 입고 잠시 앉아서 쉬고 계셨는데 이렇게 더운 날 밖에서 작업하는 것이 말도 안 되는 일로 느껴졌다. 가만히 있는 것도 힘든 날, 숨이 턱턱 막히고, 머리가 핑 도는 것을 하루하루 버티고, 참아보지만 달라지지 않는 현실에 자신을 내려놓게 되는 것은 아닐까 싶었다. 그런 생각을 하다가 덜컥 S도 자신을 포기할까 두려워졌다. 나에게 S는 한 사람이지만, S에게는 전부인 자신을 잃지 않아야 할텐데. 포기해도 괜찮고, 도망쳐도 괜찮으니, 어떻게 살아도 좋으니 자신을 끝까지 지켰으면 한다고 말해줘야겠다.

 날이 더워서 냉면 생각이 간절했다. 사먹을 곳도 없고 해서 어떻게 만들 수 있을까 생각하다가 노각 오이지를 넣어 만들어 먹었다. 고기 없어도 충분히 진하고 맛있다. 별 것 아닌 음식 한 그릇이 사람을 살릴 때가 있다. 기력이 바닥 난 것 같을 때, 한 입 먹고나면 다시금 살아진다. 고생하고 있을 S에게도 냉면 한 그릇 먹였으면 싶다.

 청국장하면 S가 생각나듯, 오이지를 먹을 때면 시엄마가 생각이 난다. 내가 좋아하는 오이지 무침을 떨어지지 않도록 해 놓으시고, 내 앞으로 슬쩍 밀어 주시던 분. 같이 살았던 4년동안 상냥한 말 한 마디 들어본 적 없지만 나는 그 분이 나를 사랑하셨다는 것을 안다. 음식으로 사랑을 말하는 분이셨다. 내 인생의 6분의 1 정도의 시간, 시엄마가 해 주는 밥을 먹고 자랐다. 함께 사는 동안 늘 좋았던 것만은 아니고, 힘들고 어려웠던 시간도 있었지만 지나간 시간을 떠올려 보면 나쁘지만은 않았던 시간으로 기억된다. 서로 받아들이고 표현하는 방식은 달랐지만 그것은 그것 그대로 따스하고 사랑이 흐르던 시간이었다.

 재료를 손질하고, 볶고 지지면서 누군가가 떠오르면 그 사람이 요리에 고스란히 담긴다. 마음은 마법의 가루와도 같아서 어떤 조미료가 될지는 요리하는 나도 잘 모른다. 사랑의 모양은 가지각색이라 누군가를 떠올리는 마음이 나를 편안하게 해줄 때는 의도한 것보다 더 맛있어질 때도 있고, 넘치는 마음에 부산스러워져서 이도저도 아닌 맛이 될 때도 있다. 언제나 맛을 보면서 느끼는 건, 힘이 팍 들어간 음식보다는 힘을 조금 빼고 즐기면서 만든 음식에서 더 감칠맛이 난다는 것.

 누군가를 생각하다 보면 때론 그 마음이 넘쳐서 감정 안에 내가 갇혀버릴 때가 있다. 그럴 때면 나도 상대방도 한 칸짜리 방에 움직일 틈도 없이 밀착되어 갇힌 것처럼 괴로워진다. 소유하려 하기보다는 바람이 통할 수 있도록 적당히 거리를 두는 편이 서로에게 이롭다. 틈을 두고, 바라보고, 알아차리는 시간들이 좋은 관계를 만들고, 요리에 담긴다. 그래서 내 마음을 내 것으로, 나를, 나의 마음을 돌보는 일조차 요리의 일부가 된다.

 어쩌면 음식에는 음식을 하는 1~2시간 정도의 시간만이 담기는 것이 아니라 나의 온 생애가 담기는 걸지도 모르겠다.

무더위를 날려줄 냉 토마토 파스타

무더위를 날려줄 냉 토마토 파스타

재료

토마토 2개, 오이 반 개, 소금 1작은술, 빨간 파프리카 1/2개, 노란 파프리카 1/2개, 청사과 1/8개, 들기름 1큰술, 레몬즙 살짝, 좋아하는 파스타면

조리과정

① 노란 파프리카 1/4개와 빨간 파프리카 1/4개, 청사과 1/8개를 깍둑 썰어 소금을 한 꼬집 뿌리고, 레몬즙을 살짝 뿌려 절여 둔다.

② 토마토 2개와 오이 반 개, 소금 1작은술, 빨간 파프리카 1/4개, 노란 파프리카 1/4개, 들기름 1큰술을 블렌더에 넣고 간다.

③ 소면이나 파스타면을 삶는다.

④ 접시에 냉 토마토 소스를 넣고, 면을 올린 후 레몬즙에 절여 뒀던 깍둑 썬 채소를 얹어 먹는다.

7월

보이지 않는 날들

컴퓨터 책상 하나, 매트리스 하나 있는 간결하고 아담한 방이지만 가구 배치를 바꿨다. 조금 바꿨을 뿐인데 다른 집으로 이사 온 것처럼 공간이 새롭게 다가온다. 이사 온 지 10개월 만의 일이다. 컴퓨터 책상을 옮겨 놓고 위아래 있는 물건을 하나둘 옮기는데, 그가 보지 말아야 할 것을 발견했다. 본체 안에 몇 년 치 먼지가 꾸덕꾸덕하게 쌓여있지 뭐람. 겉에서 걸레로 닦아보고, 청소기로 빨아들여도 봤지만, 성에 차지 않아 본체를 분리하며 갑자기 대청소가 시작되었다.

구석구석 잘 보고, 볼 때마다 닦았는데도 매번 청소할 때마다 새로운 곳을 발굴한다. 마음같다. 잘 들여다보고 있을 때에도, 지나고 나서 발견하게 되는 마음이 있다. 그러니 '그럴 줄 몰랐어?'라는 말은 퍽이나 쌀쌀맞은 말이리라. 그때는 몰랐으니까, 그리고 앞으로도 그런 때는 언제나 있을 테니까. 그저 지나간 마음을 발견할 때는 '그랬구나' 이 한마디면 충분하다.

주기적으로 대청소를 해도 계속 발견되는 먼지를 보며 사람 사는 일이 먼지를 만들고, 어딘가에 먼지를 쌓고, 발견하고, 닦고, 다시 먼지를 만드는 과정의 반복이던가 하고 생각했다. 하루를 산다는 것은 하루만큼의 먼지가 쌓이는 일인지도 모른다. 먼지

같이 가벼운 것들이 쌓여 제법 흔적을 남긴다.

 이제껏 살면서 생일을 유난히 싫어했다. 생일날을 성적표 받는 날처럼 여겨왔으니 그럴 만도 하다. 364일의 잘 살아왔음이 단 하루, 그날로 인해 증명되는 것만 같았다. 축하를 많이 받았다면 잘 산 것이고, 축하를 별로 받지 않았다면 제대로 살지 못한 것처럼.

 그러나 성적표는 증명할 수 없지 않은가. 매일 공부했다고 수능 만점이 나오는 것도 아니고, 토익 만점자라고 해서 능수능란하게 외국인과 대화할 수 있는 것도 아니니 말이다. 잘 살아왔다는 사실을 누군가에게서 증명받을 수는 없는 일이리라. 나의 8할은 보이지 않는 날들로 이루어져 있으니.

 생각해 보면 365일의 일상은 어차피 더러워질 거 부지런히 닦고 정리하고, 어차피 뱃속에 들어가면 다 똑같을 거 살뜰하게 차려 먹고, 어차피 꺼내 쓸 거 깨끗하게 빨고 또 개켜서 넣어 놓는 일로 이루어진다.

 어차피 없어진다지만 그렇다고 아무렇게나 하지 않는다. 아무도 보지 않아도 주변을 깨끗하게 정돈하고, 내가 먹을 것도 정성 담아 예쁘게 먹는다. 그러면 내가 한 것이 내게 돌아오는 선물이 된다. 그렇게 매일 도시락을 담고, 과일을 가지런히 썰어 내는 여름날. 7월이 가고 8월이 시작되었다.

미워하지 말아요

"심리 상담 받으러 왔어요~"
"어랏? 선생님 방금 가셨는데. 한번 전화해 보시겠어요?"

지난주 목요일의 일이다. 선생님이 나와의 약속을 홀딱 잊어버리셨다. 다시 약속을 잡고 3주 만에 선생님을 만날 수가 있었다. 내가 휴가를 두 번이나 다녀오는 동안 선생님은 몸이 아파서 예정되어 있던 상담 일정을 모두 취소하고 쉬고 계셨다. 쉬면서 취소한 일정들을 다시 잡으시느라 정신이 없어서 나와의 약속을 잊으신 것이다.

상담 초반에 선생님은 어릴 때부터 면역력 관련 질환을 앓고 있다고 말해 주셨다. 그래서 종종 상담이 취소되고, 미뤄질 때가 있다. 선생님을 만나서 이야기할 생각에 신나있다가 약속이 취소되면 아쉽기는 하지만 서운하거나 화가 나지는 않는다. 누가 아프고 싶어서 아프겠는가. 그러나 걱정은 된다. 걱정되는 마음은 오지랖을 부린다. 상담받을 때마다 선생님 앞에는 아이스 아메리카노가 놓여 있는데, 나는 매번 커피를 볼 때마다 선생님께 "선생님, 커피 몸에 안 좋아요." 혹은 "기왕이면 따뜻한 걸로 드세요."라고 말하고 싶은 것을 꾸욱 참는다. 선생님을 생각하는 마음이지만 참는 데는 이유가 있다. 아프다는 이유로 사람들에게 이런저런 말을 얼마나 많이 들으셨을까. "이것 드세요. 저게 몸에 좋대요." 다들 한마디씩 했을 것이다. 그래서 나라도 가만히 있어야겠다 싶어서 아무 말도 하지 않는다. 그러고 보면 생각하는 말 한마디도, 생각하는 침묵도 결국에는 다 생각하는 마음에서 나오는 것이구나 싶다. 더 생각해서 침묵하는 것도 아니오, 덜 생각해서 잔소리하는 것도 아닐 거다.

선생님은 약속을 취소한 일, 다시 약속을 잡았는데 잊어버린 일을 매우 미안해하셨다. 그러면서 본인이 무언가를 하지 않아서 아픈거라고 생각하고 계셨다. 몸 관리를 좀 잘했어야 하는데, 먹는 것도 좀 더 신경 써서 먹고 운동도 하고 잘 쉬어야 했는데. 사람이라면 살아가면서 아픈 것이 당연한데, 아프면 "쉬어야지"라고 말하는 사람은 없고 다들 자기 탓을 한다. 나도 그랬다. 지금도 그런다. 나는 35년째 아토피를 앓고 있다. 심해질 때도 있고, 완치된 것처럼 괜찮아질 때도 있지만 뭘 하건 뭘 먹건 어떻게 살건 35년 내내 아토피를 달고 산다.

이것저것 안 해본 게 없다. 소금물로 씻으면 좋다고 해서 소금물로도 씻어 보고, EM 용액이랑 물을 섞어 씻으면 좋다고 해서 그렇게도 해 봤다. 좋다는 온갖 로션, 연고들도 다 발라 봤다. 피부과에 가서 적외선 치료도 받아 봤고, 한의원에 가서 한약도 지어 먹어 봤다. 아토피에 좋은 건 왜 이렇게 많은지, 사람들은 또 왜 그렇게 내 피부에 관심이 많은지, 만날 때마다 이게 좋다 저게 좋다 열심히도 알려줘서 좋다는 건 다 해 봤다.

그러나 무얼 하기보다는 하지 않을 때 몸이 더 좋아졌다.
너무 열심히 살지 않을 것
몸에 안 좋은 걸 먹지 않을 것
아픈 내 몸을, 나 자신을 미워하지 않을 것

벅벅 긁어서 피떡이 된 몸을 보면, 상처투성이인 몸을 보면 부끄럽기는 하지만 그게 내 탓이라고 생각하지는 않는다. 무얼 해서, 혹은 무얼 하지 않아서 내가 이렇게 아픈거라고 생각하기에 세상에는 너무 많은 변수가 있고, 지금도 충분히 나의 몸과 마음을 잘 돌보며 살아가고 있기 때문이다. 여기에 잘못을, 탓을 더하는 것은 나에게도, 타인에게도, 아무런 도움도 되지 않는다. 그러니, 아픈 사람이 있다면 이렇게 이야기해 주고 싶다.

당신 탓이 아니라고, 그러니 자신을 너무 미워하지 말라고, 아픈 것도 괴로운데 얼마나 힘이 들었냐고.

시간이 지나야만 되는 것

 시간이 지나야만 되는 것들도 있다. 콩이 짚과 만나 된장이 되는 것처럼, 고춧가루가 식혜와 만나 고추장이 되는 것처럼. 시간이 지나야 보이고, 들리고, 깨닫고, 쓸 수 있는, 현현顯現하는 일들이 있다.

'그때 알았더라면'하고 생각해 보지만, 시간이 닿아야만 한다.

 바늘로 꿰어야 하는 자리를 빨간약만 발라서는 새살이 온전히 돋아나게 할 수 없는 것처럼, 시간을 들여 천천히 제대로 발효시킨 조미료라야 된장 한 숟갈만 넣어도 제맛이 나듯이.

 시간이 지나 어떤 모습이 될지, 어떤 일이 벌어질지 아무도 알 수는 없지만, 알 수 없기에 오늘도 묵묵히 밥상을 차린다. 매일 한 끼만이라도 성실하게 요리하는 일은 그런 나를 단련하기 위함이다. 나를 잘 돌보아 차곡차곡 쌓아 올린 단단함으로 온전한 에너지를 담은 밥상을 누군가의 앞에 내어 놓기 위함이다. 음식을 통해 세상과 소통하기 위함이다.

바쁜 와중에도 밥 한 끼 차려 먹을 수 있음에 감사하다.
시간이 있다고 되는 일도, 마음만 있다고 되는 일도, 돈이 있으면 되는 일도 아닌 일들.

온 우주가 나를 통해 만드는 일들, 매일매일이 기적이다.

엄마손은 약손

 엄마가 환자라는 사실을, '할머니'라고 불리는 게 자연스러울 만큼 나이가 들었다는 사실을 자주 잊는다. 내게 엄마는 어느 한 시절에 멈춰 있다. 그래서 내게는 가벼운 산책도 엄마에게는 낮잠이 몰아닥칠 정도로 고되다는 것이, 내가 성큼성큼 올라가는 오르막도 엄마에게는 숨이 턱턱 찬다는 사실에 놀란다. 물끄러미 엄마를 바라보다가 '언제 저렇게 주름과 검버섯이 늘었지?' 하고 생각한다.

 어제 먹은 저녁이 엄마에게 부담이 되었는지, 식사를 한 후 한 시간쯤 지났을까? 엄마가 먹은 것을 모조리 게워내기 시작했다. 위암으로 위의 일부를 절제한 엄마는 평소보다 조금 많이 먹거나 빠르게 먹으면 곧잘 체한다. 같이 살지 않으니 나는 어쩌다 한번 엄마가 체하는 걸 보게 되는데, 평소에 얼마나 자주 체하고 있는 걸까. 안쓰러운 마음에 야채죽을 끓였다.

 어릴 적, 잔병을 달고 살던 나는 때가 되면 감기에 걸리고, 계절이 바뀌거나 조금만 무리해도 편도선이 부었다. 그럴 때면 엄마는 목에 좋지만, 맛은 정말 없는 생강차를 끓여주었다. 배가 아플 때는 내 배 위에 손을 올리고, 시계방향으로 문질러주며 '엄마 손은 약손'을 자장가처럼 읊어주었다. 그러면 신기하게도 배의 통증이 점점 잦아들고는 했다. 자주 아픈 나를 귀찮아하는 법도 없이, 아플 때마다 다정하게 내 머리칼을 쓸어주고, 이불을 덮어주던 엄마를 이제 내가 보살펴 줄 때가 되었나 보다.

 내가 기억하지 못하는 어린 시절, 이렇게 채소를 다져 이유식을 만들어 먹였을 젊은 엄마를 생각하며, 할머니가 된 엄마를 위한 죽을 끓인다.

엄마를 위한 채소죽

 나는 죽을 별로 좋아하지 않는다. 샤브샤브를 먹으러 가도 왜 맨 마지막에 죽을 끓여 먹는 건지 이해하지 못하는 사람이 여기 있다. 그래서 수프는 종종 끓여 먹어도 죽은 잘 끓이지 않았다. 엄마가 소화를 잘 시키지 못하는 병에 걸리면서부터 죽을 자주 끓이게 되었다. 잣죽, 참깨죽, 팥죽, 단호박죽 등 다양한 죽이 있지만 개인적으로는 손이 제일 많이 가는 채소죽을 좋아해서 자주 끓인다.

재료
양파 1/4개, 애호박 1/3개, 당근 1/3개, 감자 1/2개, 현미밥 1공기, 소금 1작은술, 조선간장 1큰술, 참기름 1/2큰술, 물 3컵

조리과정
① 양파, 애호박, 당근, 감자는 모두 쌀 한 톨 크기로 잘게 다진다.

② 다진 채소 모두와 참기름 1/2큰술, 조선간장 1큰술을 냄비에 넣고 잘 섞어 준 뒤 뚜껑을 닫고 아주 약한 불에 올린다.

③ 채소가 다 익으면 현미밥 1공기와 물 3컵, 소금 1작은술을 넣고 밥이 충분히 풀어질 때까지 끓여 준다.

이상한 사람들

　콜라를 사러 오는 할머니가 계시다. 제법 자주 오시길래 본인이 드시는 것인가 싶어 "할머니가 드시는 거예요?" 하고 물었더니, "손주 사다 주려고" 하신다. 할머니는 항상 "에구, 혼자 있어서 심심하겠다.", "혼자 있어서 심심해서 어떻게 해" 하고 제법 큰 혼잣말을 하며 가게를 나선다. 혼자 계시면 심심하신가 보다. 그래서 할머니들의 집에는 보지도 않는 TV가 그렇게 켜져 있던 것인가.

　나의 가까운 삶에는 세 사람의 할머니가 있었다. 증조할머니, 친할머니, 외할머니. 장수집안인지 내가 스무 살 때까지 증조할머니, 증조할아버지, 친할머니, 친할아버지, 외할머니, 외할아버지가 모두 살아계셨다. 덕분에 일 년에 몇 번 꺼내지 않아 나프탈렌 냄새가 나지만, 포근하고 부드러워 덮고 있으면 온 세상이 안전한 것처럼 느껴지는 시골집 이불 같은 추억이 남아 있다.

외할머니는 몇 번 본 일이 없어 아직도 만나면 데면데면하지만, 봄에 아카시꽃을 따러 함께 산을 탔던 일만은 선명하게 기억난다. 봄이 되어, 향긋하고 달큰한 향기가 바람에 묻어 오면 부러 꺼내지 않아도 그녀와 함께 보낸 시간이 떠오른다. 엄마의 엄마인 그녀와 시간을 충분히 보내지 못한 것 같아 아쉬운 마음이 들 때가 있다. 그 시절의 여성들은 대부분 그랬을 것이다. 결혼을 하고 나면 자신의 부모보다 남편의 부모와 시간을 더 많이 보냈겠지. 그래서 그녀들의 자식들에게도 외갓집은 가족이지만 어쩐지 멀게 느껴지는 곳이 되었겠지. 우리 집도 그랬다.

아빠의 엄마인 친할머니와 보낸 시간이 가장 길다. 자동차라는 걸 한 번도 소유해 본 적이 없는 우리 집은 방학이면 방학 때마다, 명절이면 명절 때마다 새마을호 기차를 타고 4시간이 넘게 걸리는 안동 할머니 댁을 갔다. 할머니는 우리만 오면 뭘 먹이고 싶은지, 맞은편 닭집에 파는 두 마리 같은 양념통닭 한 마리를 매번 사 먹였다. 밥은 늘 국그릇에 고봉으로 줘서 할머니가 주는 밥을 주는 대로 받아 먹다가 집에 오는 길에 모조리 다 토한 적도 있다. 그렇게 먹이는 걸로도 모자라 두 손 가득 먹을 걸 싸주었다. 어린이에서 청소년이 된 뒤로는 할머니 집으로 향하는 발걸음이 점점 뜸해졌는데, 그 뒤로는 해마다 택배를 보내왔다. 직접 담근 고추장과 된장, 고춧잎을 넣어 만든 골짠지무말랭이 무침, 콩가루, 참기름 등. 택배 사이사이에는 서울에서도 살 수 있는 두루마리 휴지 같은 것들이 들어 있었다. 한번은 엄마에게 물었다. "엄마, 할머니는 대체 왜 여기서도 살 수 있는 휴지 같은 걸 보내는 거야? 휴지값이 얼마나 된다고." 그랬더니 택배 상자의 빈자리가 아까워서 휴지라도 채워서 보내는 거라는 답이 돌아왔다. 돈으로는 환산되지 않는 마음이 담긴 택배 상자에는 때론 그렇게 납득이 되지 않는 물건들이 담겨 왔다.

 할머니는 뇌졸중으로 반신이 마비된 남편과 함께 시부모님을 모시고 살았다. 할머니 나이 팔십이 넘어서야 증조할아버지와 증조할머니가 돌아가셨으니, 열여덟에 시집 온 후로 꼬박 60년이 넘는 세월을 그렇게 산 것이다. 구십이 넘어서야 할머니는 자유의 몸이 되었다. 아픈 남편도 잃고, 시부모도 다 돌아가셨으니. 검은 머리가 하얗게 새서야, 자신의 몸을 자유롭게 움직이기도 어려운 때가 되어서야 자유의 몸이 된 것이다. 그녀는 자신의 삶을 어떻게 기억하고 있을까.

 할머니는 늘 주름이 자글자글한 얼굴로, 안 그래도 작은 눈이 더 작아지도록 환하게 웃었다. 그 모습은 아무것도 모르는 천진난만한 아이 같았는데, 할머니가 돌아가셨다는 이야기를 처음 들었을 때에도 나는 그 얼굴을 가장 먼저 떠올렸다. '아, 이제는 다시 그 얼굴을 볼 수 없겠구나'하는 생각에 그렇게 돌아가시길 바라던 할머니의 부고 앞에서, 밥을 먹다 말고 눈물을 뚝뚝 떨궜다.

 어릴 적에는 이러저러한 어른들의 일은 들어도 몰랐고, 몰라서도 몰랐다. 그러나 성인이 되고 난 뒤에는 보고 싶지 않아도 보이고 들리는 것이 많아져 할머니를 사랑만 하기에는 버거웠다. 할머니는 자기 자식이 너무 귀한 나머지 남의 자식인 나의 엄마에게는 의도하지 않았지만 가혹했다. 그러나 엄마는 우리에게 할머니에 대한 험담은 단 한 번도 하지 않았다. 그래서인지 어른들의 일을 알게 되면 알게 될수록 할머니는 극악무도한 악당처럼 보였고, 엄마는 아무 죄 없는 천사처럼 보였다. 지금 생각해 보면 엄마가 할머니를 대하던 태도는 여성으로서의 연대가 아니었을까 싶다. 남성은 진중하다는 가면을 쓰고 늘 말이 없고, 여성은 남성의 몫까지 이야기함으로써 미움을 받는다. 가장 약자의 자리를 탈피하기 위한 수단으로 자신과 같은 약자의 자리에 있는 다른 여성을 더욱 가혹하게 짓밟고 무시할 수 밖에 없던, 과거의 한 시절에는 그렇게 하는 것이 생존에 가장 좋은 방법이었던 때를 살아온 할머니의 처지를 이해하고 헤아리지 않았나 싶다.

나는 할머니가 돌아가실 때까지도 할머니는 아무것도 모른다고 생각했다. 자식들을 진정으로 사랑하는 방법을 몰라 매번 돈 가지고 싸움이 나게 만들고, 엄마가 아들을 못 낳는 게 아니라 아빠의 염색체 때문에 우리 집이 딸 밖에 없다는 것도 모르고, 여성으로서 다르게 살 수 있다는 것도 모르는. 해맑게 웃는 그녀의 얼굴을 보며 나는 내리사랑의 갑의 위치에서 은근하게 할머니를 무시했다.

할머니가 돌아가시고 할머니에게 다섯이 아니라 여섯의 자식이 있었다는 것을 듣게 되었다. 첫 자식인 딸을 그 딸이 성인이 되기도 전에 잃었다고. 그 이야기를 듣고도 한참 뒤에야 그녀가 뭘 모르고 살아온 게 아니라, 나야말로 그녀의 슬픔에 대해서는 전혀 몰랐다는 사실을 깨닫게 되었다.

26년 동안 개발자로 살아온 한 사람이 말했다. 나이가 들면 현명해질 것 같지만 그렇지 않다고. 나이가 드는 건 그만큼 상처 입을 일이 많아지는 것이고, 그때그때 상처를 잘 들여다보지 않고 넘어가면 이상한 사람이 된다고. 할머니가 내게 전혀 이해되지 않는 이상한 사람처럼 보였던 것은 나는 모르는 수많은 상처들이 그녀 안에 켜켜이 쌓여 있기 때문일지도 모르겠다.

몇 년 전, 할머니가 보내준 골짠지무말랭이 무침를 보며 엄마가 "이걸 먹는 것도 이게 마지막일지도 모르겠다." 하고 말했던 게 기억이 난다. 이제 우리 집에는 할머니의 마지막 고추장이 한 통 남아있다. 아마 그 한 통을 다 먹을 때까지도 나는 그녀를 모를 것이다. 그렇게 냉장고에서 그녀의 흔적이 사라져 간다.

할머니가 생각나는 무말랭이 무침

재료
무말랭이 한 줌, 물 3컵, 조선간장 1큰술, 고춧가루 1큰술, 조청 1큰술, 물 1큰술, 참깨 1작은술

조리과정

① 무말랭이 한 줌에 물 3컵을 넣고 불린다.

② 10분마다 무말랭이가 어느 정도 불려졌는지 만져 본다. 부드러운 식감을 좋아하면 푹 불리는 게 좋고, 식감이 살아 있는 편이 좋으면 가운데 심이 약간 살아 있는 게 좋다. 잘 모르겠으면 먹어 본다.

③ 무말랭이를 불려 놓고, 바로 양념장을 만든다.

④ 조선간장 1큰술, 고춧가루 1큰술, 조청 1큰술, 물 1큰술을 잘 갠다.

⑤ 무말랭이가 적당히 불려지면 물기를 짠 후 양념장을 조금씩 넣어 가면서 무친다. 마무리로 참깨를 뿌려 준다.

맛있는 무말랭이 무침 만드는 Tip!

① 무말랭이를 불릴 때 너무 푹 불리지 않고, 씹었을 때 살짝 오독한 정도로 불려 주면 식감이 재밌는, 식탁에서 통통 튀는 반찬이 된다.

② 불린 무말랭이를 짤 때 물기를 너무 꼭 짜지 않고, 살짝 남아있도록 짜준다. 시간이 지나면서 물기가 마르기 때문에 물기를 너무 꼭 짜면 마른 오징어를 씹는 것처럼 텁텁해지기가 쉽다.

③ 양념장은 무칠 때 바로 만들지 않고 미리 만들어 둔다. 고춧가루가 제대로 불려지지 않으면 풋내가 나기 때문에 고춧가루를 쓰는 요리를 할 때는 잘 불려서 사용하는 게 중요하다.

9월

답을 구하지 않는 질문

 요즘은 때때로 누군가 내게 요리사님 혹은 셰프님이라고 불러온다. 누가 나를 그렇게 부르면 나는 그 어느 때보다 작아진다. 사실인가, 아닌가. 사실도 아니고, 사실이 아닌 것도 아닌. 반작용인지 셰프나 요리사라는 이름 바깥의 사람들을 떠올리게 된다. 사는 일 중 '먹는 일'에 많은 시간을 할애하지만, 셰프나 요리사라는 이름으로 불리워지지 않는 사람들. 아주 가까운 곳부터 먼 곳까지 쉽게 찾아볼 수 있다. 주방 이모 혹은 찬모로 불리거나, 그 마저의 직함도 없이 누군가의 먹거리를 위한 노동을 하는 사람들. 배불리 먹을 수 있는 삼천원짜리 잔치국수를 파는 식당 아주머니, 아이들의 급식을 담당하는 급식 조리사, 저기요로 불리우는 종업원, 10개에 삼천원에 파는 손만두를 빚는 시장 상인, 가족들을 먹여 살리는 많은 엄마와 할머니들. 그들을 생각하면 나는 부끄러워진다.

 그들은 대부분 주말이나 공휴일에도 쉬지 않고 일한다. 한동안은 쉴 때 누구나 다 같이 쉬었으면, 쉴 수 있었으면 하고 자주 생각했다.

 카페에서 일할 때, 주말에 일하고 평일에 쉬는 때가 많았다. 그리고 명절 때에도 당일을 제외하고는 항상 일을 했다. 요즘은 남들 쉴 때 쉬려고 노력한다. 남들이 쉬는 날에는 어딜가도 사람이 많고, 다른 날보다 두 배 이상으로 비싼 금액을 지불해야 하기도 하지만 남들이 쉴 때 쉰다는 말은 '사랑하는 사람과 함께 쉴 수 있다'는 말일지도 모른다.

 어느 쉬는 날, 쉬지 않아서 돌볼 수 있었던 손길을 발견한다.

 연인이 손을 데어 얼음찜질을 해봤지만, 그걸로는 역부족이었다. 주말이라 약국은 휴무일. 요즘은 주말에도 돌아가며 약국이 연다는 사실을 기억 속에서 끄집어내어 근처는 아니지만 조금 걸어가면 있는 약국에 가서 화상연고를 샀다.

 돌아보니 그때뿐이 아니었다. 재활병원에서 생활하던 때, 주말이나 명절에 가끔 아빠를 집에 데리고 왔다. 걷지 못하는 아빠를 데리고 버스를 타고, 지하철을 갈아타고 1시간이 넘는 거리를 오가는 일은 불가능한 일이었다. 몸이 불편한 아빠를 데리고 오고 가기 위해서는 택시가 필요했다. 택시 아저씨는 휠체어가 안 실린다면서 툴툴거리기는 했지만, 그런 건 아무래도 상관없었다. 주말에도, 공휴일에도 덕분에 아빠와 오고 갈 수 있었다. 어디 택시뿐이겠는가. 지하철, 버스에도 일하는 사람이 있다. 그들은 자신의 주말을 돌아가며 반납한다. 그렇게 누군가는 보이지 않는 손길로 타인의 시간을 돌본다.

 얼마 전 동거인과 약수역 근처 시장의 손칼국수 집에 저녁을 먹으러 간 적이 있다. 그곳에는 들깨가 듬뿍 들어간 칼국수가 한 그릇에 오천원, 손으로 직접 빚은 만두가 7개에 삼천원이었다. 손으로 만들어진 것은 만두뿐이 아니었다. 칼국수와 수제비 반죽도 손으로 직접 하는 곳이었다. 나는 호들갑을 떨며 '어떻게 칼국수 한 그릇에 오천원, 손만두 7개가 3천원이냐며 너무 싸다. 그것도 손으로 만든 거라니!' 하며 고래고래 노래를 불렀다. 그러나 내가 부르던 노랫소리는 오래 갈 수 없었다. 나는 그 금액을 흔쾌히 낼 수 있는 사람이기에 그렇게 말할 수 있는 걸지도 모른다는 생각이 들었기 때문이다. 누군가에게는 5천원짜리 국수 한 그릇도 큰맘 먹고 먹을 수 있는 한 그릇, 하루의 단 한 끼일지도 모른다. 이 가게가 명절이나 주말에 문을 닫지 않아서, 이 가격에 배불리 먹을 수 있는 한 그릇을 내어주기 때문에 어디선가는 안도의 한숨을 내쉬는 사람이 있을지도 모른다.

결국은 이렇게 돈으로는 제대로 값이 매겨지지 않는 노동으로 서로를 먹여 살리고 있는 걸지도 모르겠다고 동거인은 말했다. 우리는 그런 이야기와 함께 밤의 홍제천을 걸었다.

"어떻게 살아야 할까요?"
하고 돌림노래처럼 물으며.

어렵다. 잘 모르겠다. 그러나 어떤 질문은 답을 구하지 않는다. 갖고 있는 것만으로도 잘 살고 있는 걸지도 모르겠다고 자위하며, 이 질문을 오래도록 버리지 않았으면 하고 소망한다.

요리 초보도 할 수 있는 칼국수

 어릴 때 엄마가 자주 해주던 칼국수다. 내놓은 채수가 없어도, 들어간 채소가 별로 없어도 맛있다. 칼국수면 대신에 소면을 넣으면 잔치국수로도 즐길 수 있고, 면 대신에 만두를 넣으면 만둣국으로도 즐길 수 있다. 무가 나는 계절에는 무를 넣어 주면 더 깊은 국물을 즐길 수 있다. 여유가 있다면 참깨를 갈고, 김 한 장을 구워서 찢어 올려도 좋다. 개인의 기호에 따라 맨 마지막에 후추를 곁들여도 좋다.

재료(2인분)
애호박 1/3개, 당근 1/3개, 감자 1/2개, 양파 반 개, 조선간장 1큰술, 가는소금 1/2작은술, 다시마 1장, 물 3컵, 칼국수면 2인분

조리과정
① 채소는 새끼손가락 두께와 길이로 채 썬다.

② 물 3컵에 채 썬 채소와 다시마 1장, 조선간장 1큰술을 넣고 끓인다.

③ 팔팔 끓기 전에 다시마는 건져 내고, 팔팔 끓으면 불을 작게 줄인다.

④ 채소가 다 익으면 가는소금 1/2작은술 넣고 간을 맞춘 후 면을 넣고 익힌다.

인생엔 빈틈이 있게 마련이야

 막내동생은 캐나다로 워킹홀리데이를 가고, 나는 방이 빈틈을 타 본가로 들어왔다. 그녀가 타는 비행기는 미국을 경유하는 비행기라 미국 비자가 필요한데, 탑승 1시간 전에 그 사실을 알고는 그제야 부랴부랴 비자를 발급받았다. 비자는 운이 좋으면 1시간 만에 나오지만, 길면 2~3일이 걸리기도 하는데 언제 발급될지는 알 수 없는 노릇이라고 했다. 갈 수 있으려나, 없으려나 하면서 새로고침을 열심히 하며 기다리는데 다행히 40분 만에 발급이 되어 그녀는 무사히 캐나다 땅을 밟을 수 있었다.

 어제오늘 그 이야기를 할 때마다 엄마는 "그렇게 배우는 거지. 그렇게 배우면 나중에 절대 안 까먹어." 하고 말한다.

 이 이야기는 곳곳에 적용된다.

 결혼할 때, 그러니까 7년 전에 맞추었던 이불은 내가 직접 고른 것인데 그때는 이불을 사본 적도 없으니 그냥 모양과 색깔만 보고는 이불을 골랐더랜다. 7년 동안 써본 결과, 정말 잘못 산 이불이다. 한 이불은 조금 푸석거리기만 해도 바닥에 먼지가 뽀얗게 쌓여 한동안 그 이불과 함께 잠자리에 들 때마다 욕이 한 바가지 나왔었다. 다른 한 이불은 솜이 분리되지 않는 차렵이불이라서 세탁하기에 불편하다. 홍은동 집의 작은 세탁기에 돌리려고 넣었다가 팔길이만큼 찢어지는 대참사가 발생했다. 이삿짐 정리를 하면서 엄마와 이런저런 이야기를 하다 이불 이야기가 나왔다.

"결혼할 때 뭣도 모르고 이불을 정말 잘못 샀어."
"뭐든 직접 사 봐야 해. 실패도 해 보고, 잘못도 해 보고 하면서 경험이 쌓이고 배우는 거지."

이 말을 듣는데, 왠지 위안이 되었다. 그래, 무엇이든 그렇게 배우는 것이구나. 물건을 사는 일 buy만 그런 게 아니라, 사는 일 live 에도 그렇겠구나. 나는 어쩌면 나 자신에게 실패할 기회도, 잘못할 기회도 주지 않고 너무 엄격했던 걸지도 모르겠다. 그래서 때론 손 쓸 수 없게 망가진 느낌이 들었는지도 모른다. 삶은 완성이 아니라 과정인 것도 모르고.

삼천포

 사랑하는 마음을 물건으로 표현하는 것은 식물에 물을 주는 것과 비슷하다고 생각했다. 필요한 것을, 적당한 때에 선물하며 마음을 표현할 필요도 있지만 그것이 너무 잦으면 쌓여만 가는 물건에 부담이 될 수도 있다. 식물에 대해 잘 알지 못할 때, 사랑하는 마음을 물 주는 것으로 표현하다 뿌리가 썩거나 질식해서 여러 식물을 골로 보내는 것처럼.

 바로 내가 그렇다. 나는 누가 뭘 좋아하면 선물하는 데에 꽂히는데, 달달구리를 사랑하는 연인에게 종류별로 디저트를 사다 바치고 있다. 특히나 여름을 지나오며 단 걸 거의 매일 먹은 것 같다. 소르베, 비건 케이크, 비건 빵, 비건 초콜릿, 비건 과자 등등…. 사주기만 한 건 아니고 같이 먹었다. 가랑비에 옷 젖듯 서서히 몸에 반응이 오기 시작했다. 마크로비오틱을 접하면서 한동안 커피도, 단 것도, 과일도 거의 안 먹다가 매일 디저트를 먹다 보니 습관적으로 단 걸 찾게 되었고, 낮에 단 걸 먹지 않으면 쉽게 기력이 떨어졌다. 그러다 보니 내가 그 이에게 주는 것이 사랑인지, 독약인지.

 밭에 나는 잡초가 아닌 이상 화분에 자라는 식물은 세심한 관리가 필요하다. 식물마다 좋아하는 환경이 다 다르고, 물을 주는 방법과 주기뿐만 아니라 적절한 온도, 적당한 바람, 분갈이 시기 등 다양한 측면을 고려해야 한다. 그것은 가만히 바라보면서도 알 수 있겠지만 그러기에는 시간이 많이 필요하고 자칫 잘못하면 죽을 수도 있다. 즉, 공부가 필요하다. 사랑을 주는 것도 공부해야 하는 것이다. 식물에게 주는 사랑뿐만이 아니라 사람에게 주는 사랑도.

 사랑한다는 말로 자신의 불안을 상대방에게 전가하며 가스라이팅을 하는 모습을 자주 본다. 그것이 가스라이팅인 줄도 모르고. 부모가 자식에게, 나이가 많은 형제가 나이가 적은 형제에게, 연인이 연인에게, 친구가 친구에게, 선생이 학생에게. 가스라이팅뿐만이 아니라 집착을 하거나, 심하면 폭력을 휘두르고 스토킹을 하는 경우도 있다. 그들은 모두 한결같이 왜 자신의 사랑을 몰라주냐고 말한다. 상대방이 원하지 않는 것을 주고서는 받지 않는다며 씅을 내는 것이다.

 태어나면서부터 사랑하는 방법에 달인이라면 참 좋겠지만 대부분의 사람은 그렇지 못하다. 대부분이라고 말하는 것은 내가 세상 사람 모두를 다 만나본 것은 아니기 때문에, 어딘가 그런 사람이 존재할지도 모른다. 결혼한다고, 혼인신고서에 도장 찍는다고 저절로 부부가 되는 것이 아니듯이 부모가 된다고 갑자기 사랑 천재가 되어 자식에게 사랑을 주는 방법을 알게 되는 것도 아니다. 그러기에 사랑을 잘 주기 위해서는, 잘 받기 위해서는 내가 주고 싶은 것은 무엇인지, 상대방이 받고 싶은 것은 무엇인지에 대해 많이 이야기 나누고 생각하고 공부해야 한다. 그러다 배울 수 있는 여력이 없는 삶도 있겠다 싶어 나의 말이 다 허무맹랑하게 느껴진다. 이럴 때 화가 난다.

 왜 누군가의 삶은 죽음과 이다지도 가까운 걸까.
 왜 누군가는 부스러기 하나 흘리지도 않고 먹고 누군가가 게걸스럽게 흘린 것들을 닦고 줍는 걸까.
 왜 누군가의 삶에 휴일은 없고 남들 다 쉴 때도 일해야 하며, 잘 때도 일해야 하는 걸까.
 왜 누군가는 넓지도 않은 두 어깨를 쪼그려트려 1인분의 자리를 차지하지도 못하고, 누군가는 1.5인분의 자리를 차지해 마땅한 듯이 당당한가.
 왜 누군가는 숨 쉬듯 눈치를 보고 자꾸 미안하고 과하게 고맙고, 누군가는 미안해야 할 일에도 버럭 화를 내고 고마운 일에도 시종일관 침묵으로 일관하는가.
 왜 누군가에게는 너무 당연한 것이 누군가에게는 노력해서라도 얻을 수가 없는 것일까.
 그리고 왜 그것을 갖지 않았다고 해서 그게 슬프고 고통받는 일이 되어야 하는 것일까.

 모두가 그저 자기 자신으로 살고자 할 뿐인데.

 사랑 이야기를 하다 삼천포로 빠졌다. 그러나, 이것이 내게는 세상을 향한 사랑이다.

아파야만 닿을 수 있는 곳

4년 만에 크게 아팠다. 지난주, 코로나에 확진되어 하루종일 누워있으면서 '이렇게 아파서 신생아처럼 먹고 자고 먹고 자는 게 얼마 만이지?'하고 더듬더듬 기억을 따라가 보니 4년이 넘었다.

계절이 바뀌면 편도가 붓고, 감기몸살을 앓았었는데 먹는 걸 바꾸자 몸이 바뀌었다. 채식과 직접적인 상관관계가 있는 것인지는 모르겠으나, 기억을 더듬어보니 그랬다.

코로나 초기에는 증상이 심하지 않아 책도 읽고, 가벼운 집안일 정도는 할 수가 있었는데 확진 3~4일째는 하루종일 아무것도 할 수가 없었다. 하루 이틀 침대 생활을 한 것뿐인데, 바깥 생활을 하지 않은지 고작 일주일뿐인데도 밖으로 나가는 데에는 마음의 준비가 필요했다. 가을 햇살마저 낯설었다. 사회적 자아가 부팅되는 데에도 시간이 필요했다.

한 주 전, 연인이 코로나에 걸렸을 때도 그랬다. 마스크 벗은 얼굴이 익숙한데 실내에서도 그가 마스크를 쓰자 낯설었다. 한 두 번 본 얼굴도 아니었는데, 1년 내내 거의 매일 본 얼굴인데도 그랬다.

일주일 정도만 이렇게 격리되어 지내도 바깥으로 나가는 데에 마음의 준비가 필요한데, 오랫동안 병상 생활을 하다가 사회로 나온 사람들은 오죽할까 싶었다.

운동을 며칠 못하고, 계속 누워있었다고 몸도 낯설었다. 계단을 조금만 올라도 숨이 차고, 한 걸음 한 걸음 걸을 때마다 몸속 장기가 재배열 되는 것 같았다. 내가 살고 있는 나의 몸인데 꼭 다른 사람의 몸을 빌려 사는 것 같았다.

'이래서 재활이 필요한 거구나.'

간병 생활을 할 때, 준비된 시간표에 맞춰 아빠를 재활실에 데리고 가고 데리고 오는 게 일과 중의 하나였다. 재활실에는 항상 사람이 꽉 차 있었다. 아빠처럼 반신이 마비가 된 사람뿐만 아니라 오랜 병원 생활로 인해 손실된 근력을 회복하기 위해 오는 사람도 있었다.

아빠는 재활 치료를 받기 싫어했다. 가지 않으려고 떼를 쓰기도 하고, 기껏 가서도 제대로 하지 않거나 온갖 "고고고고"아빠가 유일무이하게 할 줄 아는 말, 다양한 뜻을 담고 있다.를 해가면서 치료를 받았다. 그런 아빠를 어르고 달래면서 1분이라도 더 운동을 시키기 위해 갖은 수를 쓰는 것도 나의 일이었다. 나는 아빠가 게으른 사람이라서 그런 줄로만 알았다. 아빠가 운동을 하기 싫어하고, 편한 것만 좋아하고, 나을 마음이 없어서 저렇게 게으름을 부린다고 생각하면서 아빠를 한심해 했다.

 내 몸이 아프고 보니 그게 아니었다는 걸 알겠다. 고작 일주일 누워있었다고 삐거덕거리는 무릎을 보면서, 시시분분 생경한 나의 몸을 느끼면서 '뇌 수술을 받고 꼬박 한 달을 누워만 있던 아빠가 얼마나 힘들었을까?' 하는 생각이 들었다.

 진통소염제가 들은 약 때문인 건지 온종일 잠이 쏟아지고 깨어있는 시간마저도 정신이 또렷하지 않았다. 6일 째부터는 몸이 괜찮아서 약을 먹지 않았는데, 5일 동안 꼬박꼬박 먹어온 약 기운 때문인지 입맛도 없고 무기력했다. 보통 내 머릿속에는 3일치 식단표가 들어있는데 먹고 싶은 게 하나도 없으니 뭘 해 먹을지 아무런 생각이 나질 않았다. 배라도 고프면 좋을 텐데, 물을 하도 마셔서 그런지 배도 고프지 않았다. 먹고 사는 게 다 부질없는 짓처럼 느껴졌고, 존재가 거추장스럽게 느껴졌다. 그럼에도 불구하고 곁에 있는 이까지 굶길 수는 없기에 지하로 빨려 들어갈 것 같은 몸을 일으켜 수프를 끓이고, 밥을 안쳤다. 그러면서 나도 밥 한술을 떠 넘겼다.

 기분이 없는 기분이라는 게 이런건가 싶었다. 하고 싶은 것도, 가고 싶은 곳도, 먹고 싶은 것도 없고, 무기력하고 무료한 게, 이 시간이 오래 지속되면 우울증이 내게 손을 뻗치겠구나 싶었다. 가끔 우울증을 앓는 사람들의 이야기를 듣거나 볼 때 '뭐라도 하면 조금 나아질 텐데'하는 생각을 했던 내가 얼마나 어리석었는지 깨달았다. 뭐라도 하는 것 자체가 얼마나 힘이 드는 일인지 몰랐다.

지난 4년 동안, '몸이 아픈 것'과 거리가 멀게 살 동안, 만났던 얼굴들이 떠오른다. 나는 그들을 앞에 두고도, 그들의 이야기를 들으면서도 전혀 듣지도, 알지도 못했구나.

때로는 아파야만 닿을 수 있는 곳도 있다.

아플 때 몸도, 마음도 어루만져 주는
감자양배추 수프

재료(2인분)

마늘 3알, 감자 3알, 양배추 1/4개, 물 4컵, 소금 1작은술, 조선간장 반 큰술

조리과정

① 감자는 껍질을 벗겨 도톰하게 채 썰어 준비한다.

② 양배추는 흐르는 물에 씻은 후 한 입 크기로 큼직하게 썰어 준다.

③ 달구지 않은 냄비에 기름을 두르고, 편을 썬 마늘을 넣고 볶는다.

④ 마늘향이 올라오면 감자와 양배추를 넣고 기름이 잘 둘러지도록 볶아 준 후 뚜껑을 닫고 약불로 줄인다.

⑤ 감자와 양배추가 반쯤 익으면 조선간장 반큰술을 넣어 골고루 볶아 주고, 물 4컵과 소금 1작은술을 넣고 팔팔 끓인다.

⑥ 감자와 양배추가 다 익으면 불을 끄고 블렌더로 곱게 간다.

누구에게나 좋은 것을 받을 권리가 있다

"엄마, 바람도 선선한데 우리 저녁으로 감자옹심이나 먹을까?"
"그래! 팔 아프니까 강판에 갈지 말고, 도깨비방망이에 물 넣어 갈아."
"알겠어."

듣지도 않을 거면서 알겠다고 대충 대답하고는 바로 강판을 꺼내 감자를 간다. 엄마는 내 팔이 아플까 물을 넣고 갈라 했지만, 본인은 정작 그렇게 갈아서 감자전을 부쳐준 적이 없다. 매번 강판에 갈아 전분물을 걸러내고, 밀가루나 전분 가루를 넣는 일 없이 감자전을 부쳐주었다. 강판에 가나, 도깨비방망이에 물 넣고 가나 모양은 비슷하게 나올지 몰라도 맛은 귀신같이 다르다. 감자로만 부친 감자전을, 직접 갈아 만든 옹심이를 먹어본 입은 그 맛을 알고 있기에 팔이 아프더라도 쉬엄쉬엄 강판에 간다.

지난주, 수업이 끝나고 함께 식사하는 자리에서 한 수강생이 비슷한 이야기를 했다. 요즘 아이가 속이 좋지 않아 죽을 끓여 먹인다고 하셨다. 자신은 매번 새로 해서 먹는 것을 좋아하기 때문에 죽도 한꺼번에 끓여놓지 않고 끼니때마다 새로 끓여주신다고 했는데, 쌀을 절구에 직접 빻아서 끓여준다고 하시기에 그 자리에 앉은 모두가 기함을 했다. 수강생 왈 그렇게 끓인 죽은 쌀만 넣어도 쫀득한 게 정말 맛있다면서, 조금 수고가 들더라도 절구에 빻게 된다고 하셨다. 끼니마다 쌀을 절구에 빻아 끓인 죽이라니! 말만 들어도 입에 침이 고인다. 나는 그 말을 듣고서는 그런 걸 먹고 자란 아이는 바깥 밥이 정말 맛없겠다고 생각했다.

 카페에서 일할 때, 처음 몇 년은 계속 단화를 신고 일했다. 계속 서 있는 일이기 때문에 근무가 끝나면 발이 아픈 게 당연한 줄 알았다. 그러다 언니가 사준 워킹화를 신고 출근한 날, 그게 당연하지 않다는 사실을 알게 되었다. 평소보다 다리에 무리가 덜 갔는지, 무릎도 발바닥도 아프지 않은 신세계를 만났다. 경험해보기 전에는 어떻게 다른지 몰랐다. 달리기할 때도 마찬가지였다. 집에 있는 신발을 대충 신고 달렸을 때는 그게 발목에 무리가 된다는 것을 몰랐지만, 러닝화를 신고 달려보니 달릴 때 신는 신발이 몸에 미치는 영향이 얼마나 큰지 알게 되었다.

 김소영 작가의 『어린이라는 세계』에서는 존중받은 아이는 존중이 무엇인지 알고, 타인을 존중할 줄 아는 어른으로 자라게 된다고 했다. 좋은 것을 경험하는 것도 마찬가지라는 생각이 든다. 좋은 것을 경험하기 전에는 무엇이 좋은지 모른다. 그렇기에 좋은 것을 경험할 기회를 스스로 열어두어야 한다. 귀도, 마음도, 몸도 활짝. 그리고, 좋은 게 무엇인지 알고 있다면 그것을 나눠야 한다. 모든 사람이 기꺼이 좋은 걸 받을 자격이 있다는 것을 알려 줘야 한다.

쌀쌀한 바람이 불 때, 감자 옹심이

재료

감자 4개, 감자전분가루 1큰술, 무 2cm, 명함크기의 불린 다시마 2장, 생표고버섯 2개, 들깨가루 2큰술, 물 3컵, 소금 1작은술, 조선간장 1큰술, 참기름 1큰술

조리과정

① 감자 4개를 강판에 간 뒤 면보에 싸서 물기를 짠다. 짜낸 감자물은 버리지 않고 전분이 가라앉도록 둔다.

② 전분이 가라앉는 동안 채소를 손질한다. 무는 껍질을 깨끗이 닦아 0.5cm 두께로 채 썰고, 불린 다시마는 0.2cm로 채 썬다. 생표고버섯도 0.2cm 두께로 얇게 채 썰어서 준비한다.

③ 썬 채소 모두를 냄비에 넣고 참기름 1큰술과 조선간장 1큰술을 넣어 골고루 버무린다. 뚜껑을 닫고 약한 불에 올린다.

④ 무가 반쯤 익는 동안 옹심이 반죽을 한다. 감자물은 아래에 전분이 가라앉아 있으므로 전분을 제외한 윗물을 따라 버린다.

⑤ 걸러낸 감자전분에 물기를 짜두었던 갈은 감자를 섞는다. 이때 따로 준비한 감자전분가루를 1큰술 넣고 잘 반죽해서 먹기 좋은 크기로 빚어 준다.

⑥ 무가 반쯤 익으면 물 3컵과 소금 1작은술을 넣고 한소끔 끓인다. 한소끔 끓으면 옹심이와 들깨가루를 넣고 옹심이가 익을 때까지 익혀 준다.

10월

해 봐야만 아는 사람

 10개월 만에 다시 집으로 돌아온 내게 엄마는 "어차피 다시 들어올 거 뭐 하러 짐 싸 들고 나갔데~" 하고 농담 반 진담 반을 담아 말했다. 그러나 떠났기에 다시 돌아올 수 있는 법. 어차피 돌아올 것이었다고 해도, 나갔어야만 하는 것. 미련해 보여도, 돌아가는 길이더라도 그럴 수밖에 없다.

 한동안 연인과 나는 머지않은 미래에 같이 사는 문제를 곰곰이 의논했다. 연인이 사는 집은 공공임대주택이라 임대료가 저렴하지만, 둘이 살기에는 좁아서 '전셋집을 알아보자'하고 직방을 들락날락했다. 각자 개인 공간도 필요하고, 함께 쓰는 공간도 필요하니 방이 적어도 두 개, 거실이 하나 있는 집이 필요했다. 전세집을 알아보다 보니 어차피 새집으로 가는 건 불가능하고, 역세권이 아닌 오래된 빌라여야 우리가 원하는 집을 얻을 수 있었다. 이 금액에, 어차피 대출을 받을 거라면 전세를 얻나 집을 사나 금액이 크게 차이가 나지 않아 전세를 얻을까 했던 일은 갑자기 집을 사는 일로 변모하였다. 일에는 가속도가 붙어 어차피 받을 대출이라면 신혼부부를 대상으로 하는 대출이 금리가 낮으니까 혜택을 받기 위해 혼인신고를 하는 게 낫다는 쪽으로

까지 이야기가 급진전이 되었다.

 처음에는 그저 함께 있는 게 좋으니 '같이 살자'에서 시작된 이야기가 우리도 모르는 사이에 눈덩이처럼 불어나 내 집 마련, 대출, 결혼으로 둔갑했다. 언뜻 보면 아주 합리적인 결정 같아 보였다. 어차피 같이 살 거고, 어차피 집을 구할 거라면 조금이라도 집값이 쌀 때 집을 사고, 혜택이 가장 좋은 저금리 대출을 받아서 사는 게 더 그럴싸해 보이는 것이다. 실제로도 그럴지 모른다. 그러나 우리는 그런 식으로 어영부영 국에 밥 말아 먹듯 모든 일을 한큐에 결정하지는 않기로 결정을 내렸다. 내 집 마련이든, 대출이든, 혼인신고든 간에 한 번에 한 가지 결정을 내리는 것도 삶의 모양을 크게 바꾸는 데 세 가지를 한 번에 모두 결정하는 것은 우리의 삶을 어디로 이끌고 갈지 모른다는 생각이 들었기 때문이다. 마음에 부담이 되어 당장 앉은 자리가 가시방석 같았다. 연인과 내가 살고 싶은 삶의 모양은 방향키를 온전히 우리가 쥐고 있는 것. 바람이 어디서 어떻게 불어 돛대가 우리를 어디로 데려다줄지 모르더라도, 방향키는 우리가 쥐는 것이 우리가 원하는 모양이다.

 스탑 버튼을 누르고 다시 본래 하던 이야기로 돌아왔다. 같이 있는 게 좋으니, 같이 사는 일. 지금 우리는 일주일의 반은 연인의 집에서 생활하고 반은 본가에서 생활하고 있다. 이대로도 충분하지 않나? 이대로 좋다면 그냥 지금처럼 사는 것도 좋지 않나? 조금 더 이렇게 살아 보기로 했다.

어쩌면 과거에 내가 해왔던 삶의 결정들도 스탑 버튼을 누르고 다시 한 번 생각해 볼 필요가 있었을지도 모른다. 남들 하는 대로, 주어진 대로 하는 것이 아니라, 내가 그리고 우리가 원하는 모습은 무엇인지 고민해 보고 우리의 방식으로 결정해나가며 모양을 조금씩 다듬어가는 것. 결혼이 그랬다. 함께 사는 사람이 바뀌는 것만으로도 큰일인데, 결혼과 동시에 사는 곳이 바뀌고, 법적 관계가 바뀌고, 금전적인 부담을 지게 되니 말이다. 전 남편과 나는 우리가 만들어가고 싶은 모습이 어떤 것인지에 대해서 한 번도 이야기 나누지 않고 법적인 부부가 되었고, 5년 동안 결혼생활을 하면서도 결국 부부가 되지는 못했다.

하지만 그렇다 할지라도, 그것은 다 그때 필요했던 일이리라. 지금의 나는 다르게 생각할지라도, 과거의 내가 어리석게 느껴져도, 그때의 나는 그 결정을 할 수밖에 없었다는 것. 그리고 그것으로부터 지금의 내가 될 수 있었다는 것도.

그러니 엄마에게는 하지 않고도 알 수 있는 일을, 고생스러우니 하지 않았으면 하는 경험을 나는 이 몸으로 오롯이 겪어가면서 살 수밖에.

때로는 좋은 조연이 될 필요가 있다

 갓 구워져 나온 땅콩이 타닥타닥 소리를 내며 식어가고, 검은 깨를 조금씩 펼쳐가며 섞여 있는 돌, 나뭇가지, 어쩌다 굴러들어온 옥수수 씨앗을 골라낸다. 공간을 가득 채운 단호박 냄새가 부드럽고 달콤하게 코를 간지럽힌다. 일상 속에서 만나는 이런 순간들을 좋아한다.

 속이 꽉 찬 양배추를 반으로 가를 때 '쩌억'하고 갈라지는 소리, 초록색 브로콜리가 데쳐지며 더욱 초록으로 변해갈 때, 곱게 다져놓은 색색의 채소들이 한데 어우러져 섞인 모양, 껍질을 벗겨놓은 고구마순이 영롱한 비취색으로 빛이 날 때. 나를 제외한 누구도 재촉하는 이가 없고, 언제까지고 이 시간에 머무르고 싶은 순간들. 어쩌면 너무 평범하지만, 매일의 밥상을 차리며 잠시 잠깐 머무르는 시간이다.

 누가 무슨 일을 하냐고 물어오면 요즘은 요리한다고 대답한다. 그러면 그 누군가는 되묻는다. "어떤 요리를 하시나요? 프렌치? 일식? 중식? 한식?", "가게는 언제 내시나요?" 비로소 질문을 받

앉을 때야 생각하게 되는 생각이 있다. 나는 어떤 요리를 하던가, 나의 식탁에는 뇨끼가 올라올 때도 있고, 된장찌개가 올라올 때도, 똠얌스프가 올라올 때도 있다. 내가 가게를 내고 싶던가, 나는 그저 채소를 만지고, 그 채소로 요리하는 일상이 좋을 뿐인데….

개발자들 사이에서는 공공연히 찐개발자로 여겨지는 사람들이 있다고 한다. 출근해서 개발을 하고, 퇴근하고도 개발을 하는, 개발이 일이자, 취미인 개발자를 찐개발자라고 한단다. 그렇게 많은 시간을 개발에 쓰는 사람은 당연히 투입한 시간만큼 개발을 더 잘 할 수밖에 없다고 한다. 그래서인지 그렇지 않은 개발자는 어딘지 모르게 주눅이 들어있고 찐개발자라고 불리는 사람들을 우상시하며 우러러본다고 한다. 비단 개발자들 사이에서만 그런 문화가 존재하는 것은 아닌 것 같다.

일이 삶인 사람들이 있다. 그들에게는 사람을 만나는 시간도, 다른 취미도, 휴식도, 밥을 먹는 시간도 필요하지 않아 보인다. 그러나 모두가 그렇게 살 수 있던가? 모두가 그런 삶을 지향해야만 하는가? 그런데 왜 우리는 그런 사람들을 보면서, 자신은 저렇게 될 수 없는데 대단하다며 치켜세우고 추앙하는 걸까, 그런 사람들이 정말 나의 롤모델인가?

한때 이 질문이 나를 떠나지 않았다. 일job에서 업적을 이룬 사람은 추앙받고 공경받는데, 왜 자신의 삶을 부지런하고 성실하게 살아가는 사람들은 그렇지 못한가. 우리 엄마를 보자면, 누가 돈을 주지도 않고 아무도 알아주지 않아도 자신의 삶에 최선을 다해 살아간다. 어떤 때는 엄마로서의 삶을 너무 열심히 산 나머지 엄마 자신이 없는 것 아닌가 하는 생각이 들 정도로. 나와 두 살 차이 나는 동생이 고등학교를 다닐 때는 아이들의 '아침 식습관'을 잡아주려고 아침잠이 많은 우리를 위해 아침마다 머리맡에 한 그릇 요리를 해다 바쳤다.

 무엇이 다른가 나는 잘 모르겠다. 자신의 사업이 번창해서 돈을 많이 번 사람, 금메달을 딴 사람, 연예인처럼 주목받는 사람, 자신의 삶을 매일 살아가는 사람.

 그러고 보면 이런 메시지를 주입받으면서 산 것일지도 모르겠다. 1등만을 알아주는 세상에서 그것만이 성공하는 길이라고, 그렇지 않으면 그저 별 볼 일 없는 인생이라고 지겹도록 들어온 것 같다. 광고에서도, 드라마에서도, 영화에서도. 주인공이 되라고, 성공하라고, 1등이 되라고, 주목을 받으라고. 그래서 요즘 초등학교에서 가장 인기 있는 직업이 연예인, 혹은 유튜버, 사장인 걸지도 모르겠다. 사업을 하고 싶다거나 사장이 되고 싶다는 친구들을 볼 때마다 내가 드는 생각은 '무얼 해서?', '하고 싶은 게 먼저 있어야 하는 것은 아닌가?'

 성공이 무엇인지 생각해보지도 않고, 내가 원하는 성공은 무엇인지, 타인이 말하는 성공은 무엇인지, 성공에는 무엇이 포함되어 있고 무엇이 배제되어 있는지 생각해 보지도 않고 성공을 좇았던 때가 있었다. 지금도 잠깐 정신줄을 놓으면 습관적으로 혹한다.

 몇 달 전 뮤지컬 《지킬앤하이드》를 봤을 때 그랬다. *앙상블이 특히나 인상적인 공연이었다. 연기뿐만 아니라, 춤도, 노래도 너무 뛰어났다. 공연 내내 앙상블을 눈여겨보았다. 이러저러한 생각에 잠겨 혼자 울컥하기도 하고, 뒤통수를 맞은 듯 얼얼해지기도 했다. 처음에는 이랬다. 저 자리에 서기까지 얼마나 많은 노력과 일들이 있었을까, 그런 과정을 다 겪고 저 자리에 서다니 대단하다. 어쩌면 저 중에는 공연이 없을 때는 편의점에서 일을 하거나, 배달 알바를 하는 사람도 있지 않을까. 그렇다면 얼마나 고될까, 그럼에도 눈에서 빛이 나네. 저 사람은 얼마나 더 버틸 수 있을까? 저 사람은 주연이 되고 싶지 않을까? 거기까지 생각이 미친 뒤 '어? 이게 아닌데?' 하는 생각이 들어 다시 나 혼자 북 치고 장구 치며 생각을 복기했다. 앙상블을 주연이 되기 위해 거쳐 가는 자리라고 생각했던 것이다. 제멋대로. 그냥 연기하고 노래하고 춤추는 게 좋아서 이 일을 하는 거라면 앙상블이든 주연이든 좋을 텐데, 나는 모든 앙상블이 다 주연이 되고 싶다고 생각의 오류를 범한 것이다. '아, 나는 모두가 주연이, 주인공이 되고 싶어 한다고, 주목받아야지만, 그래야만 성공했다고, 그것만이 모두의 목표라고 생각했구나.'

 주연만을 알아주는 세상의 주연만을 아는 내가 있었다. 그러나 조연 없이 주연이 있을 수 있던가. 우리는 자신의 삶에서는 누구나 주연이고, 타인의 삶에는 조연이거늘. 그렇기에 굴러가는 세상이다. 주연이 되라는 메시지는 정말 많이 받으면서 사는데, 막상 좋은 조연이 되는 것에 대한 이야기는 없는 것 같다는 생각을 했다. 때로는 좋은 조연이 될 필요도 있지 않나.

노희경 작가의 드라마 ≪라이브≫에서는 이제 막 경찰관이 된 시보 상수와 청소노동자인 상수의 엄마가 나온다. 상수는 엄마에게 힘든 일 하지 말고 때려치우라고 하지만 상수 엄마는 말한다.

"내가 하는 일 아무도 알아주지 않아도, 세상에 필요한 일이야."라고. 나는 상수 엄마야말로 주연이자 좋은 조연이 아닐까 하고 생각했다.

누가 알아주지 않아도 세상에 필요한 일을 하고, 연애도 하고, 친구도 만나고, 운동도 하고, 글을 읽고 쓰는 삶을 살고 싶다. 그렇게 내 삶의 주연이자, 타인의 삶에 조연인 삶을 살아가야지.

---

*앙상블: 뮤지컬의 코러스 배우로, 주인공 뒤에서 춤과 배경을 만드는 역할을 한다. 출처: 네이버 지식백과

사랑할 수 없는 두 사람

"어째서 이럴 때는 '이런 인간도 있어', '이런 일도 있어'라고 이야기가 끝나지 않는 걸까요."

일본 드라마 ≪사랑할 수 없는 두 사람≫에 나오는 대사다. 극중 사쿠코는 *에이섹슈얼·*에이로맨틱이다. 사람들 말대로 '언젠가는 알게 될거야'라고 생각하며 연애도 해 보고 섹스도 해 보지만 좋다는 느낌을 느끼지 못하며, 자신이 이상한 것은 아닌가 의문을 품고 살아왔다. 그러다 사토루를 만나게 된다. 사토루도 에이섹슈얼·에이로맨틱으로 사쿠코에게 네가 이상한 게 아니라고, 누군가에게 부러 설명하려 노력하지 않아도 괜찮다고, 그건 그냥 네 자신이라고, 다른 사람이 되기 위해 애쓰지 않아도 된다고, 네 모습 그대로 있어도 된다고 말한다.

둘은 연애적 감정도, 성적 끌림도 없이 가족으로 함께 살아가지만 주변 사람들은 어떻게 이야기해도 두 사람의 말은 듣지 않고, 자신들 좋을 대로 둘을 커플이라고 생각하며 엮는다. 주변 사람들이 가장 많이 하는 말 중 하나는 '언젠가는 알게 될 거야'라는 말이다.

 나도 많이 해 왔던 말이다. 연애해 보면 알 거야, 사랑해 보면 알게 될 거야, 좋아하는 사람이 생기면 알 거야, 농사지어 보면 알 거야, 채식을 해 보면 알게 될 거야, 심리상담을 받게 되면 알게 될 거야. 나에게 좋은 것이 꼭 타인에게는 그렇지 않다는 사실을 자주 잊는다.

 살아가면서 사람들은 서로 다른 경험을 하게 되고, 그러다 보면 누구나 자신만의 기준을 갖게 된다. 상식이나 예의, 혹은 정상성이라는 잣대를 들이대며 상대방에게 자신의 기준을 강요한다. 그러다 보면 자신도 모르게 타인을 판단, 평가하거나 배제, 차별, 무시하게 되기도 쉽다.

 드라마를 보며 나의 무지함에 얼굴이 화끈거린 동시에 자유로움을 느꼈다. 존재하는지 알지 못했던 존재들로 인해, 삶에 내가 알지 못하는 얼마나 많은 존재들이 있을까에 대해 생각해 보게 되었다. 넓고 넓은 세상에 수많은 존재들이 있고, 명명되든, 그렇지 않든 간에 존재하는구나. 그냥 그런 때도, 그런 일도, 그런 것도, 그런 사람도 있는 거구나. 나도 그중 하나구나.

 내가 스스로 지은 감옥, 혹은 사회적 잣대로 지은 감옥 안에서 살고 있었을지도 모르겠다.

네가 좋아하는 것을 내가 좋아하지 않아도, 네가 싫어하는 것을 내가 좋아해도, 연애해도 하지 않아도, 섹스하고 살아도 그렇지 않아도, 좋아하는 사람이 있어도 없어도, 친구가 많아도 없어도, 어떤 형태의 가족이더라도 혼자여도, 개를 좋아해도 고양이를 좋아해도 동물을 좋아하지 않아도, 사람들과 모여있는 게 좋아도 싫어도, 먹는 걸 좋아해도 좋아하지 않아도, 책을 읽고 살아도 읽지 않고 살아도, 운동을 해도 하지 않아도… 아무 문제 없구나.

문제라고 생각했던 많은 것들이 실은 문제될 게 하나도 없을지도 모른다. 그러니 당신이 당신이어도 괜찮다는 말이다.

---

*에이섹슈얼: 성적지향의 하나로, 타인에게 성적으로 끌리지 않는 사람을 말한다. 무성애자라고도 한다. 출처: 일본드라마 ≪사랑할 수 없는 두 사람≫
*에이로맨틱: 연애지향의 하나로, 타인에게 연애감정을 품지않는 사람을 말한다. 출처: 일본드라마 ≪사랑할 수 없는 두 사람≫

노동자들

"5분 뒤에 주문 도와드릴게요."

애원하는 눈빛으로 원망과 짜증이 한데 섞인 목소리가 나를 향하고 있다. 어디선가 많이 본 듯 익숙한 모습이다. 저것은 한 때 나의 모습이던가.

 주말, 대학로. 이 두 단어가 뜻하는 의미를 오랫동안 잊고 살았다는 걸 몸소 깨달았다. 역 근처 2층짜리 스타벅스를 향했다. 만석이었다. 몇 미터 떨어진 스타벅스도 마찬가지. 그곳으로부터 몇 미터 떨어진 스타벅스와 마지막으로 찾아간 3층짜리 스타벅스도 마찬가지였다. 이미 광화문 교보문고에서 수많은 인파에 정신이 탈탈 털린 후 스타벅스의 만석 세례에 본래 내가 여기에 온 목적조차 잃어버리고는 집에 돌아가고 싶어졌다. 가출하려는 정신을 부여잡고 근처 문 열린 카페에 들어갔다. 간신히 두

자리가 남아있어 자리를 잡고 카운터로 향했다. 근무하는 사람은 두 사람. 숨 쉴 틈은 있나 싶게 분주하게 움직이고 있다. 얼음을 푸는 소리, 믹서기가 돌아가는 소리, 원두가 갈려져서 내려오는 소리가 동시에 난다. 계속되는 불면의 밤으로 '디카페인 커피를 시킬까 차를 마실까' 고민하고 있는데 점원이 다른 손님의 메뉴를 카운터에 내어 놓으며 말한다.

"5분 뒤에 주문 도와드릴게요."

알겠다고 대답하고 카운터에 서서 기다리는데, 한 번 더 말한다.
'아, 여기 서서 기다리지 말라는 얘기구나.'

저기 일하고 있는 점원들은 직원일까 알바일까, 최저시급을 받으려나, 같은 시간을 일해도 어차피 받는 월급은 똑같을 텐데 이렇게 손님이 많이 오면 힘들겠다. 두 사람으로는 일손이 부족해 보이는데 저 둘 중에 사장은 없겠지. 그 사장은 어디서 뭘 타고 뭘 먹고 다닐까. 급여는 따박따박 늦지 않고 줄까, 주휴수당은. 잠깐 사이에 오만 가지 생각이 다 들었다.

몇 주 전에 탔던 버스의 운전기사는 리어카에 폐지를 쌓아 갓길로 지나가는 할머니에게 문을 여는 수고를 마다하지 않고 "죽을라고 환장했어? 조심조심 다녀야지. 지금 나더러 피해가라는 거야 뭐야?"라며 고래고래 소리를 질러댔다. 그러고도 분이 풀리지 않는지 두 정거장 뒤 내가 내릴 때까지 혼자 궁시렁거리며 욕을 염불처럼 읊어댔다.

 편의점을 그만두기 2주 전, 아직 공사는 2달이 넘게 남아있는데 *함바집이 문을 닫았다. 기존에 건설사 사무실이 있던 자리는 공원부지라 비워줘야하므로, 함바집을 비우고 그 자리에 사무실이 들어올 수밖에 없다고 했다. 어째서 그럴 수밖에 없는 것인지. 2달 정도라면 임시컨테이너를 설치해두고 사무실로 써도 될 것인데, 인부들은 대체 밥을 어디서 먹으라고 이런 결정을 내린 걸까. 새벽 6시에 문을 여는 곳은 우리 편의점밖에 없고, 근처에 밥 먹을 식당도 마땅치 않은데. 하루에 두 끼를 편의점에서 해결하라는 건가.

 함바집이 문을 닫은 첫날, 그야말로 아저씨 떼가 몰려왔다. 6시 문을 열자마자 아저씨들이 편의점을 휩쓸기 시작했다. 어떤 이는 십팔십팔 욕을 하며 물건을 카운터에 던져 놓고, 어떤 이는 어쩔 수 없다며 배라도 부르게 먹자고 컵라면에 김밥과 빵까지 두둑하게 내려놓는다. 어떤 이는 평소처럼 매일 사가는 육개장 사발면에 2+1하는 캔커피 세 캔과 생수 한 병을 내려놓으며 봉투에 담아달라고 한다. 이제 한숨 돌리나 하고 있는데 몇 번 본 적 없는 손님이 짝다리를 짚고 건들거리며 "아니, 공사도 아직 안 끝났는데 함바집을 문 닫으면 어쩌라는 거예요?" 하고 나를 보며 쏘아붙인다. 아침부터 바빠죽겠는데 대관절 이게 무슨 봉변이람. 똑바로 쳐다보며 "그걸 왜 저한테 따지시죠?"라고 되물으니 그제야 자세를 고치고서는 "아니… 그게 그냥 짜증이 나서 …."라고 답한다. 진상손님이 가고 텅텅 비어있는 컵라면을 채우고, 물류를 정리한다. 평소에도 바쁜데 서너 배로 바쁘니, 욕이 목구멍까지 차오른다.

 부려지는 사람들, 언제든 대체될 수 있는 사람들, 기계처럼 취급받는 사람들.

 공사장의 사람들이 가장 많이 사 가는 것은 담배나 커피였다. 아침에 담배 한 갑을 사가고, 점심때 와서 또 한 갑을 사 가는 사람도 있었다. 커피뿐만 아니라 에너지 드링크라고 불리는 고카페인 함량의 음료도 인기 제품이었다. 담배를 피우고, 카페인이 함유된 음료를 마시며 잠시 잠깐 스트레스를 잠재우고, 뇌를 각성시켜 깨우며 그들은 자신들을 일으켜 세워 노동하게 한다.

 공사장 인부 중 80%가 넘는 사람이 외국인 노동자와 조선족이었다. 그중에는 오로지 현금으로만 결제하는 사람이 여럿 있었다. 카드가 없는 것이다. 그러면 나는 또 상상한다. 카드 발급이 안 되는구나, 이 사람들이 존재한다는 것을 공공연히 알면서도 외국인 노동자로 등록해주지 않는구나. 그러면 언제 쫓겨날지 모르겠네. 참 문신 같다. 불법이라는 데 문신은 패션이라며 아무도 잡아가지 않으니까.

 언젠가 쌈밥을 먹는데 동거인이 말해준 적이 있다. 여기 이 깻잎을 포장하는 사람은 대부분 외국인 노동자이고, 그들이 1분 동안 30장을 따서, 포장까지 한 것을 우리가 먹고 있는 것이라고. 지금 농촌에서 농사일하는 젊은이는 대부분 외국인 노동자라고 한다.

 제대로 노동을 인정받지 못하는 사람들, 불안과 긴장을 근거로 급여의 후려침을 당하는 사람들, 존재하지만 인정받지 못하는 사람들.

 그들이 없다면 우리의 일상은 어떻게 달라질까. 그들이 지은 집에, 그들이 일군 곡식과 채소를 먹고, 그들이 내린 커피와 그들이 파는 물건을 사며 살아간다. 아, 천정부지로 오르는 집값 덕분에 아마도 그들이 지은 집에 살 수는 없을지도 모르겠다.

 나의 매일에 그들의 손길이 닿지 않은 것은 하나도 없다. 나도 종종 그들 중 한 사람이 된다. 어디에나 그들이 있다. 그들은 곧 우리다.

---

*함바집: 건설현장에서 일하는 인부들의 숙식을 제공하기 위해 세운 임시 건물을 뜻하는 일본어 한바(はんば、飯場)에서 유래했다. 일제 강점기 당시 건설현장에 강제 동원되던 조선인의 임시 숙소로 사용되기도 하였고, 해방 이후 이 용어가 그대로 사용되면서 현재 건설현장 안에 임시로 설치된 식당만을 일컫는 용어로 사용되고 있다. 출처: 네이버 백과사전

정상과 비정상

 밥 먹다 말고 갑자기 한바탕 소동이 벌어진다. 아빠가 반찬을 국에 넣으려는 순간, 엄마는 그렇게 먹는 거 아니라며 아빠 그릇을 부여잡고, 나는 "아빠!!"하고 소리치며 온 얼굴을 찌푸리고, 언니는 "저게 뭔 맛이야?" 하며 깔깔 웃는다.

 아빠는 가끔 이해할 수 없는 행동을 한다. 반찬과 밥을 몽땅 국에 넣어 말아 먹을 때도 있고, 밥을 먹다 말고 과일을 먹거나 과자를 먹을 때도 있다. 단연코 제일 이해가 가지 않는 것 중 하나는 밥 먹다 말고 약을 먹는 거다. 그것도 와작와작 씹어서. 어떨 때는 보기만 해도 내 입에서 약의 씁쓸함이 느껴지는 것 같아 밥맛이 뚝뚝 떨어진다.

 아프기 전이나 지금이나 시력 2.0의 소유자인 아빠는 아주 작은 먼지 하나도 놓치지 않고 포착한다. 자기 몸에 물 닿는 것은 질색하면서도, 바닥에 떨어진 티끌 하나를 가만히 두지 못한다.

손가락으로 티끌을 가리키며 "고고고고"라고 말하기 시작하면, 고고고고 타령은 그 티끌을 누군가가 처리해야만 끝이 난다.

 가끔은 빛에 아주 크게 반응할 때도 있고, 소리에 민감할 때도 있다. 형광등에서 불빛이 한 번 파박 터진 이후로는 형광등을 무서워해서 거실 불을 켜려고 하면 난리가 난다. 며칠 전 비 오는 날, 아빠가 불을 켜지 말라는 뜻으로 "고고고고"하면서 손사래를 치는 걸 무시하고 불을 켰다가 오후 내도록 삐쳐서 침대에 드러누워 있기도 했다.

 아빠는 가족 이외의 사람과는 소통이 어렵다. 어려운 것 정도가 아니라 불가능이라고 봐도 무방할 정도이다. 말하고자 하는 것이 있고, 가능한 방식으로 표현하지만 통할 길이 없는 것이다. 가끔은 나도 잘 못 알아듣는다. 엄마가 아빠의 말을 대부분 알아듣는 게 신기할 따름이다.

 내가 사는 빌라에는 장애인이 여럿 있다. 1층 102호에는 발달장애가 있는 청년이 살고, 2층에는 뇌졸중으로 반신이 마비된 우리 아빠와 옆집에 사는 청각장애인 아줌마가 있다. 1층에 사는 청년은 항상 노래를 부르면서 다닌다. 걸을 때는 지그재그로 걷는다. 어떨 때는 귀를 막 때리면서 다닐 때도 있다. 얼마 전 존재를 알게 된 옆집 아줌마는 혼자 중얼중얼 염불을 읊듯이 얘기를 하거나 가끔 소리를 고래고래 지른다고 한다. 나는 직접 본 적이 없다. 가끔 주차 문제로 언니와 마주칠 때가 있는데, 그

날도 그랬다고 한다.

 차 뒤에 옆집 차가 주차되어 있길래 차를 빼달라고 연락했더니 옆집 내외가 내려왔고, 아저씨는 투덜투덜하면서 차를 빼줬다고 한다. 차를 빼달라고 전화를 했는데 집에 있으면서도 계속 받지 않는 옆집 아저씨에게 언니는 이미 한껏 짜증이 난 상태였는데, 투덜대기까지 하니 어지간히 기분이 나빴는지 집에 와서 옆집 사람들 이야기를 하기 시작했다. 우리 집 식탁에 며칠 동안 간간이 옆집 사람들 이야기가 올라왔다. 처음에는 주차 문제가 화두였는데, 나중에는 옆집 아줌마의 장애 이야기로 번져갔다. 엄마는 장애가 있으니 비정상적으로 행동을 해도 우리가 이해를 해줘야 한다고 했다.

 "엄마, 장애가 있다고 해서 비정상적으로 행동한다고 생각하는 건 아니지. 정상과 비정상이 뭔데?"

 엄마는 느닷없이 뾰족한 나에게 "아니 그냥 그렇다고…" 하면서 말문을 닫았다. 장애가 있고, 그들의 행동이 다른 사람들과 다르면 비정상적으로 행동을 하는 건가? 내가 그 사람의 행동을 이해하지 못하면 그건 비정상이 되는 건가? 말을 얼버무리거나 뜻을 알아들을 수 없는 말을 한다고 해서, 반복적인 행동을 하거나 불편하게 느껴지는 행동을 한다고 해서 그것을 비정상으로 간주한다면 아마 '자기 자신' 이외의 모든 사람은 다 비정상이 될 것이다. 이해할 수 있는 사람이 몇이나 되겠나. 가끔은 나 자신도 이해할 수 없는데. 우리는 장애가 있는 아빠와 살면서도, 아빠가 남들과 좀 다르다고 해서 비정상이라고 생각하지 않으면서도 때로 그렇게 차별을 입에 담고, 일삼으면서 산다. 나라고 별반 다르지 않다.

정상과 비정상의 경계는 무엇일까. 사람들은 가끔 이야기한다. 자신과 다르거나, 이해하지 못하는 것을 두고 "쟤는 비정상이야"라고. 그러나 그 사람은 그럴만한 나름의 이유가 있었을 것이다. 내가 이해하지 못한다고 해도. 그런 의미에서 모두가 정상이자, 비정상인 존재들이다.

결혼 생활할 때, 시댁 가족들과 함께 같이 살았다. 시어머니는 이건 이래야 하고, 저건 저래야 하는 게 강한 분이시라 빨래 너는 것에도 규칙이 있었다. 양말은 아래칸에, 속옷은 위 칸에, 겉옷과 바지는 옷걸이에 걸어서 헹거에. 만약 그렇게 널어놓지 않으면 손수 다시 다 본인이 생각하는 제자리에 널어놓으시고는 했다. 한 번은 반찬을 꺼내는데, 알타리를 한입에 먹기 좋게 잘라서 반찬 그릇에 내어놓으니 누가 알타리를 잘라서 먹냐며 알타리는 입으로 베어먹는 거라고 하셨다. 나는 이렇게 먹으면 어떻고, 또 저렇게 먹으면 어떠냐고 하면서 우리 집에서는 잘라서 먹는다고 말대답을 했다. 시어머니의 기준에서 보면 아마 우리 집은 비정상적인 집이었을 것이다. 결혼식 날 친척 중 아무도 한복을 입지 않았고, 빨래는 정해진 위치 없이 아무 데나 널어놓으며, 알타리는 잘라서 먹으니깐 말이다.

같은 뱃속에서 나와도, 한집에 살아도, 다 다르다. 사람뿐만 아니라 동물들도, 식물들도, 지구상의 모든 존재는 하나도 같은 것이 없다. 고래라 불려도 그 안에는 남방돌고래도 있고 범고래도 있고, 또 남방돌고래라 불린다 해도 고래마다 가진 성격이나 자라온 환경 등 모두 다 개별적이다. 그러니, 정상도 없고, 비정상도 없다. 다 다를 뿐.

 장애는 전부가 아닌, 한 사람을 구성하는 일부이다. 이 글도 나의 일부이며, 내 글이 모든 나를 설명하지 않듯이.

의외로 잘 어울리는 재료의 조합,
고구마 톳밥

재료

주먹만한 고구마 반 개, 밥톳 1작은술, 쌀 1컵, 소금 한 꼬집, 진간장 1작은술

조리과정

① 고구마는 껍질을 벗기지 않고 깨끗이 닦는다.

② 톳은 가는 체에 받쳐 흐르는 물에 씻는다.

③ 고구마는 엄지 손톱 반 개 크기로 깍둑 썬다.

④ 밥솥에 잘 씻은 쌀과 물을 먼저 평소 밥 지을 때처럼 맞춘다.

⑤ 썬 고구마, 씻은 톳, 진간장 1작은술, 소금 한 꼬집을 넣고 밥을 짓는다.

뭣이 중헌디

 비가 세차게 내리는 어느 날이었다. 어릴 적 엄마는 "비는 상냥해서 내리기 시작하면 피할 틈을 준단다. 비가 막 내리기 시작하면 처마 밑에서 잠시 비를 피하다가 멈췄을 때 집으로 돌아오면 돼."라고 말했다. 그날은 엄마의 말과는 다르게 비가 잦아들거나 멈추지도 않고 몇 시간 동안 세차게 내렸다. 나와 연인은 우산 하나에 어깨를 포개고, 포개지 않는 쪽 어깨는 나란히 한 쪽씩 젖어가며 발걸음을 바쁘게 재촉했다.

 그렇게 우리가 향한 곳은 가구점.

 날이 더워지기 시작하면서 우리는 틈만 나면 드러누웠다. 밥 먹고 눕고, 피곤하다고 눕고, 졸린다고 눕고, 매트리스가 너무 아늑하다며 눕고. 꼬박 2개월 동안 운동도 거의 하지 않고 매트리스와 한 몸이 되었다. 신기한 것이 누우면 누울수록 몸속의 장기가 눕기에 알맞게 재배열되었다. 누웠을 때는 아늑하게 자리 잡고 있던 장기들이 앉아만 있어도 '어서 누우라고' 채근하며 요동을 쳤다. 눕기 시절의 정점은 코로나와 함께 찾아왔다. 아프니까 손가락 하나 까딱 못하겠고, 아프니까 죄책감 없이 누워있을 수 있었다. 그렇게 2개월을 매일 성실하게 누우며 눕는 몸이 만들어졌다.

 코로나가 끝나고 나자 전과 몸이 확연하게 달라진 것이 느껴졌다. 집 앞에 쓰레기를 버리러만 나가도 숨이 차고 무릎이 삐거덕거렸다. 몸이 마치 죽음을 향해 나아가는 것 같았다. 연인은 그즈음 뭐만 먹으면 잘 체하기까지 했다. 뭐라도 해야겠다는 생각이 들어, 우리는 특단의 조치를 내리기로 했다. 고심 끝에 내린 결론은 '소파를 사는 것'. 앉아있으면 그나마 낫지 않겠느냐며 소파를 사기로 했다. 지금 생각하면 정말 안이한 결론이었지만 그 당시 우리는 아주 진지했다. 인터넷 검색과 유튜브 강의를 들으며 어떤 소파를 살지 골라봤지만, 막상 구매로 이어지지는 않았다. 직접 앉아보지 않고 50만 원이 넘는 돈이 호주머니에서 덜컥 나오는 일은 없었다.

 그래서 그렇게 자비 없이 비가 내리는 날, 우리는 소파를 보러 돌아다녔던 것이다. 막상 가구점에 가보니 인터넷으로 봤던 원목+패브릭 제품은 없었고, 가죽으로 된 소파가 대부분이었다. 눈앞에 보이는 소파에 앉았는데 너무 편해서 하마터면 가죽으로 된 쇼파를 살 뻔했다. 제법 거리가 떨어져 있는 세 군데의 가구점을 모두 돌아보고 나니 다리도 아프고, 비가 와서 춥고, 축축하고, 배도 고파서 근처에 있는 분식집에 들어가 저녁을 먹었다. 그때 언제나 어디서나 부르면 나타나는 요술램프 지니 같은 '나의 스탑버튼'이 튀어나왔다.

"아니 그런데요, 우리 마음에 딱 드는 소파도 아닌데 100만 원 넘는 돈을 주고 사야 하나 생각이 드네요? 그것도 그렇지만 일단 소파를 보러 다니는 시간이 아까워요. 소파가 집에 있으면 좋을 것 같아서 사려고 하는 건데, 막상 소파를 알아보는 시간은 재미도 없고 고되고요. 소파가 없어도 이미 충분히 좋은데 이게 뭐 하는 짓인가 싶어요. 이 시간이면 보드게임 몇 판을 하고, 섹스도 하고, 이야기도 나누고, 맛난 것도 해서 먹을 텐데요. 어딘가 주객이 전도된 느낌이 드는 걸요."

뭣이 중헌디.곡성 안 봄

 눈앞에 소파라는 목표물이 놓여있을 때는 그것밖에 보이지 않는다. 그래서 뭣이 중헌지도 모르고, 그저 소파를 향해 전력 질주하는 것이다. 소파를 사기로 했을 때 처음부터 이야기했던 '가죽소파는 사지 말자'는 약속도 잊어버리고, '역시 소파는 가죽인가 봐요.' 하면서 하마터면 가죽소파를 살 뻔했다.

 스탑버튼 땡큐~ 우리는 소파를 사지 않기로 했다. 그런데 갑자기 연인이 "대신 애플워치를 사야겠어요."라고 한다. 아니 이건 또 무슨 뚱딴지같은 소리람. 그렇게 그와 나의 손목에는 애플워치가 채워지게 된다.

 애플워치를 사고 나서부터 '나이키 런 클럽'이라는 어플에 칼로리가 기록되지 않고 있다. 나는 칼로리가 기록되지 않는다는 사실조차 모르고 있었는데, 어느 날 그가 내 어플을 보더니 "이거 원래 칼로리 측정이 안 됐나요?"하고 묻고서는 틈만 나면 어떻게 칼로리를 나오게 할지 몰두하기 시작했다.

 시간은 9시 반. 그는 보통 10시가 되면 금방이라도 곯아떨어질 것처럼 눈을 껌뻑거리기에 우리에게 남은 시간은 30분. 나는 벌써부터 매트리스에 누워 있고, 그는 아직도 내 핸드폰을 만지작거리며 어떻게 하면 칼로리가 나올지 궁리 중이다.

 "재인은 칼로리 나오게 하는 법 궁금하지 않아요?"
 "아니요~ 저는 그런 거 하나도 안 중요한데요~ 당신이랑 노는 게 더 좋다구요옷!!!"

 그가 정신이 번쩍 들었는지 핸드폰을 내려놓고 이불 속으로 헐레벌떡 뛰어 들어온다.

 가끔 가장 원하고 바라던 시간을 눈앞에 두고도 보지 못할 때가 있다. 그럴 땐 잠시 멈추어 서서 뭣이 중헌지 다시 한 번 생각해 볼 일이다.

11월

살아 있는 한, 살아가는 한

"그럴 줄 알았어. 내가 가지 말라고 했지."

 이런 말을 하는 사람의 이마에는 대왕 꿀밤을 먹여주고 싶다. 지난 주말 다녀온 여행에서 있었던 일을 이야기하자 내게 돌아온 대답이었다.

 10월은 언니의 생일이 있는 달이다. 그동안 언니와 해외여행을 갈 때마다 고맙게도 언니는 모든 경비를 부담해 주었다. 그래서 이번에는 내가 여행을 선물하기로 했고, 그렇게 떠나게 된 여행에 언니의 짝꿍과 나의 연인이 동행하게 되었다. 나는 처음부터 이번 여행을 효도 여행처럼 생각하고 있었고, 일본은 내가 여러 번 가본 곳이기도 했기 때문에 여행 전 준비과정에서부터 거의 모든 부분을 도맡아서 했다. 여행을 떠나서도 마찬가지였다. 길을 찾는 것부터 의사소통, 일정 조율을 하면서 세 사람 모두를 신경 쓰는 것이 여간 쉽지 않았다. 그러다 보니 상대적으로 연인에게 소홀해졌던 것인지 여행 마지막 날, 연인은 내게 서운함을 토로했고 나는 나대로 예민해져서 투닥거렸다.

여행을 가지 않았다면 그가 내게 서운할 일도 없고, 내가 예민할 일도 없었겠지만 그랬다면 나는 그가 어떤 때 서운한 감정을 느끼고 그럴 때 어떻게 해주길 원하는지 몰랐을 것이다. 마찬가지로 그도 내가 어떤 때 신경이 곤두서는지 몰랐을 것이다. 그러니 "그럴 줄 알았다"는 말은 맞는 말이었을지 몰라도 "가지 말랬지"라는 말은 틀린 말이다.

요리 수업을 하다 보면 사람들이 많이 묻는 것 중 하나가 "소독은 어떻게 해요?", "장갑은 안 끼시나요?" 같이 균과 관련된 말들이다. 현대 사회에 들어서면서 만들어진 위생 관념이 일반적인 사람들 사이에 만연해졌을 뿐만 아니라, 코로나 시대를 살아가며 철저한 방역이 강조되다 보니 마치 모든 미생물이 죄라도 지은 것처럼 '사라져야 할 것'의 취급을 받는 것이다. 그러나 살아있는 한 우리가 살아가는 한, 완전한 무균상태라는 것은 불가능하다. 보이지 않지만, 어디에나 균이 살고 있고, 우리의 몸은 미생물로 뒤덮여 있으며 우리가 먹고 마시는 모든 것이 결국은 다 그것들로 이루어져 있다. 물론 위생 관념이 부각되면서 많은 질병으로부터 안전하게 살아갈 수 있게 되었지만, 가리지 않고 모든 것을 박멸하다 보니 미생물의 개체수가 줄어들고 면역력은 약해졌으며 결국 우리는 그 어느 때보다 질병에 취약한 시대를 살아가고 있기도 하다.

미생물이 없다는 것, 즉 균이 없다는 것은 아무런 자극이 없다는 말일지도 모른다. 아무런 자극이 없다는 것은 언뜻 보기에는 아무것도 일어나지 않는 상태로, 평온해 보일지 모르겠으나 아무런 변화가 없다는 말이기도 하다. 무언가 내 몸에 들어왔을 때 내 몸이 반응하는 것은 아주 당연하다. 그러니, 어딘가가 불편하거나 몸이 아프다는 말은 변화의 과정 안에 있다는 뜻일지도 모른다. 서로가 서로에게 적응해가는 과정으로 살아가기 위해 꼭 필요한 과정이라는 생각이 든다. 아픈 것을 나쁜 것과 동일시하며 건강한 몸이 정상적인 몸이라는 고정관념으로 지나치게 모든 걸 통제하려고 하는 건 아닌지 다시 한번 들여다볼 필요가 있다.

 이것은 미생물과 인간의 관계에서뿐만 아니라 인간관계에도 적용이 된다. 살아가다 보면 예측 불허한 상황은 옵션이 아니라 필수이다. 함께 살아간다면 그러지 않으려고 노력해도 영향을 받을 수밖에 없고, 그 과정에서 힘들기도 아프기도 상처받기도 한다. 그러면서 관계를 만들어가는 것이다. 내가 태어날 때부터 언니였던 사람과도 지난하게 싸우면서 이제서야 서로가 어떤 걸 사랑으로 받아들이는지 알겠는데, 하물며 1년 조금 넘게 만난 연인과는 앞으로 싸울 날이 얼마나 더 많을까. 그러니 앞으로도 종종 이런 일들이 일어나면 좋겠다. 너무 자주는 말고

 오래도록 당신과 함께하고 싶으니까.

우연한 삶이 주는 선물

 결혼 생활을 하는 내내 내 인생에 아이는 없다고 생각해 왔다. 아이를 좋아하는 것과 아이를 내 삶에 들이는 것은 전혀 다른 문제이고, 내 한 몸 데리고 사는 것도 어려운 세상에 한 아이의 보호자가 된다는 것이 불가능한 일처럼 여겨졌다. 그러다 이혼을 하고, 지금의 연인을 만났다. 연인을 만나고 나서야 이제까지 내가 아이를 갖고 싶지 않았던 게 아니라 남편과 아이를 키우는 것이 상상되지 않았다는 것을 깨달았다. 이후로 언제가 될지는 모르겠지만 종종 아이가 있는 삶, 아이와 함께하는 삶에 대해 그려 본다.

 홍제천을 달리다 보면 반려견들과 산책하는 반려인들을 심심치 않게 볼 수 있다. 사실 심심치 않게 볼 수 있는 정도가 아니라 정말 많다. 그들을 보며 한 생명과 함께 산다는 것은 예측이 불가능한 존재를 내 삶에 받아들이는 것일지도 모르겠다는 생각이 들었다. 계획을 세워도 계획대로 되지 않을 수도 있고, 가끔은 통제가 불가능한 상황이 벌어지기도 하는. 어쩌면 아이와 함께하는 삶을 망설이는 것은 나의 삶을 통제 가능한 환경에 두고 싶기 때문일지도 모르겠다. 그러나, 아이가 없다고 해서 어디 사는 게 다 내 뜻대로 굴러가랴.

 요리 할 때도 그렇다. 처음에는 여기저기 강의를 다니며 배우고, 인터넷에서 레시피를 찾아보고 하나둘 따라 해보면서 손에 익히는 과정이 필요하다. 그러다가 어느 순간이 되면, 어느 시점이 지나면 내가 배운 것들을 놓아야 하는 때가 온다. 원리와 원칙을 내려놓고, 나의 몸의 소리를 듣고 마음을 따라서 움직일 때에야 비로소 무아지경에 이르게 된다. 요리뿐만 아니라, 모든 배움이 그렇다. 해야 하는 것도, 하지 말아야 하는 것도 없는 상태가 되었을 때 나는 자유롭다.

 예측 불가능한 상황에는 그렇기 때문에 주어지는 삶이 있다. 그렇게 주어지는 시간을 삶이 주는 덤처럼 받아들이고 모든 걸 내 뜻대로 통제하려 하지 않을 때, 파도에 맞서는 것이 아니라 파도를 타고 노니는 것처럼 살아갈 수 있지 않을까.

우연히 만난 레시피, 토란 굴림만두

재료
토란 20알, 톳 2큰술, 양파 1개, 대파 1/2개(파란 부분 위주), 물 약간, 소금 1/2작은술, 진간장 1작은술, 감자전분가루 적당량

조리과정
① 토란은 껍질을 까서 준비한다. 껍질을 깐 토란은 냄비에 넣고 굵은 소금에 살짝 버무려 둔다.

② 그동안 톳을 체에 받쳐 흐르는 물에 씻는다. 냄비에 기름을 살짝 두른 후 톳을 볶는다. 톳이 통통해지면 톳이 2배로 잠길 정도로 물을 부어 준다. 물이 다 졸아들면 진간장 1작은술을 넣고 물기가 완전히 사라질 때까지 졸인다.

③ 토란이 들어 있는 냄비에 토란이 잠길 정도로 넉넉히 물을 부은 후에 푹 삶아 준다.

④ 토란이 다 삶아지는 동안 양파와 대파를 잘게 다진다.

⑤ 양파와 대파에 소금 한 꼬집을 뿌려 기름에 볶는다.

⑥ 토란이 삶아지면 졸인 톳, 볶은 양파와 대파를 넣고 섞어 준다.

⑦ 손으로 빚을 수 있도록 식으면 동그랗게 굴려 만두를 빚는다.

⑧ 다 빚어진 만두는 겉에 감자전분가루를 묻혀 준다.

⑨ 냄비에 물을 넣고, 체를 받쳐 만두를 5분 정도 찐다.

미뤄두었던 안부를 물었다

 서울역에 갔다. 오래간만에 발걸음한 광장에는 웬일인지 언제가도 볼 수 있던 빨간 부대들이 보이질 않았다. 조용한 광장을 지나 역 앞에서 친구와 작별 인사를 하고 지하철로 발걸음을 옮기는데 어디선가 '도와달라'는 외침이 들려왔다. 눈길을 돌린 그곳에는 주황색 근무복을 입은 소방관들이 있었다. 도와달라는 말에 누구보다 빠르게 응답하고, 도움의 손길을 내밀던 사람들이 도와달라 외치고 있었다.

 그들은 10월 29일, 발바닥에 불이 나게 뛰고 두 손을 분주하게 움직이며 목이 쉬도록 도와달라 소리치던 동료들을 지키기 위해 서명을 받고 있었다. 서명을 하고 돌아서는데 그제서야 눈물이 흐른다. 그 순간, 그녀가 했던 말이 한 줄기 빛이 되어 내게 닿았다. 그리고, 미뤄두었던 일들을 해나갈 힘이 났다.

 "슬퍼하는데도 기운이 필요하더라. 슬퍼하기 위해서 밥도 잘 챙겨 먹고 일상을 살아가려고 노력하고 있어"

 직면하기 위해 묵묵히 일상을 살아가고 있는 그녀의 모습이 그 어느 때보다 용감하고 멋져 보였다. 그리고 깨달았다. '그동안 나는 외면하고 있었구나. 그래서 무기력하고 불안하고 이유 없이 짜증이 났구나.' 나는 내가 슬퍼할 자격이 없다고 생각했다.

아마 그날부터였던 것 같다.

내복을 입는 것이 거리낌이 전혀 없는 초겨울날이었다. 복도를 사이에 두고 주방과 단칸방이 서로 마주 보고 있는 지하실에 신혼살림을 차린 부부가 있었다. 모아둔 재활용 쓰레기를 처리하기 참 좋은 주말이었다. 이제 막 결혼생활을 시작한 부부는 얼마 남지 않은 부탄가스로도 충분히 폭발이 일어날 수 있다는 것을 미처 알지 못했다. 날은 추웠고, 창문을 꼭꼭 닫은 채 부탄가스에 구멍을 낸 후 보일러에 불을 켰다. 그 순간, 위층 바닥에 금이 갈 정도로 강한 폭발과 함께 두 부부는 심한 화상을 입었고 폭발음은 우리가 사는 3층까지 들렸다.

같은 시각, 우리는 내복만 입은 채 줄줄이 사탕처럼 목욕 차례를 기다리고 있었다. 밖에서 누가 비비탄이라도 쏜 건지 '빵'하는 소리가 제법 크게 났고, 아빠는 무슨 일인지 알아보고 오겠다며 밖으로 나갔다. 얼마 지나지 않아 헐레벌떡 집으로 돌아온 아빠는 지금 당장 집에서 나가야 한다고 했다. 엄마는 머리를 감다 말고 수건으로 싸맸고, 우리는 내복 차림 그대로 영문도 모른 채 마당으로 나갔다. 이후에 기억 나는 건 마당에 벌벌 떨며 서 있다가 어른들이 구급차가 오기 전에 우리를 근처 친구네 집으로 보냈고, 며칠을 그 집에서 지내다가 돌아온 집에서는 탄

내와 함께 여기저기 미처 닦지 못한 그을음 자국이 있었다는 것이다.

사고가 있고 난 뒤 나는 한동안 아무것도 할 수 없이 무기력했다. 한번은 숙제를 하려고 앉았는데 도저히 한 글자도 쓸 수가 없어서 "엄마 나 무서워서 못 하겠어"라고 말을 했더니, 엄마가 엄살떨지 말라며 얼른 하라고 소리를 질렀던 기억이 난다. 나는 집이 전과는 다르다고 느꼈다. 안전하다고 느끼며 생활해 오던 장소가 더는 안전하지 않을 수 있다는 사실에 불안을 느꼈던 것 같다. 어쩌면 엄마도 그랬기에 본인이 느끼는 공포를 숨기기 위해 소리친 걸지도 모르겠다.

어떤 사건이나 사고가 일어나면 나는 조용히 그 신혼부부를 떠올렸다. 천안함 때도, 세월호 때도, 구의역의 한 청년이 목숨을 잃었을 때도 어김없이 나는 그들을 떠올렸다. 그리고, 나에게는 일면식도 없는 사람을 잃은 것에 대해 슬퍼할 자격이 없다고 생각했다. 모르는 척, 아무 일도 없었던 것처럼 일상을 살았다.

그러나 이제는 안다. 나와 일면식도 없다고 해서 그들이 존재하지 않았던 것은 아니고, 그들이 존재했으므로 나는 슬퍼 마땅하다.

슬퍼하기 위해 이제서야 미뤄두었던 안부를 물었다.

좋아하는 일을 하세요!

 어제는 아주 오래간만에 알바를 했다. 4년 전부터 인연을 이어오던 곳인데 간간이 일이 있다고 연락이 올 때마다 일정을 맞춰 일하러 가고는 했다. 돈을 버는 것이 목적이기는 했지만 4년이나 인연을 이어갈 수 있었던 것은 근무할 때마다 좋은 인상을 받았기 때문이다. 여러 가지 알바를 해봤지만 나를 '알바'가 아니라 '사람'으로 봐주는 곳은 이곳이 처음이었다. 내가 본 바로는 함께 근무하는 사람들 사이에 존중이 흘렀다. 그러나, 4년이라는 시간이 지나며, 떠난 사람들이 많아졌고 당연하게 나와 맺는 관계도 달라졌다.

 지난주, 최근까지도 연을 맺고 있던 선생님에게 전화가 걸려왔다. 받아보니 일이 있는데 가능하시냐며 다른 분을 바꿔주었고, 그분은 어지간히 급한지 다짜고짜 "다음 주에 일해주실 수 있냐"고 물어 왔다. 이번 주는 마크로비오틱 출근은 없지만, 김장도 계획되어 있고 새로운 강의가 시작되는 주이기도 해서 별다른 일정 없이 한 주를 비워놨었다. 아직 여독도 풀리지 않았고, 조금 여유로운 마음으로 수업을 준비하고 싶었기에 일정이 안 된다고 답을 해놓았는데 "하루라도 안 되냐"고 묻는 간절함에 차마 안 된다고 못 박지 못하고 출근하게 된 것이다.

 이번에 할 작업은 설문지 코딩 작업이었다. 갈 때마다 업무는 다양했다. 전화 업무를 할 때도 있고, 녹음된 것을 문서로 옮기거나, 설문지를 엑셀 시트에 코딩하는 작업, 행사가 열릴 때면 보조로 장소를 세팅하고 안내하는 일도 있었다. 설문지 코딩이라면 여러 번 해 보았기에 익숙했다. 작업을 하며 생각했다. 이 일은 내가 아주 잘하는 일이지만, 내가 하고 싶은 일인가?

나는 알바를 할 때마다, 일하는 동안 기계가 되는 것 같은 느낌이 든다. 쉬지도 않고, 화장실에 가지도 않고, 웃지도 않고, 말도 잘 하지 않아 입에서 단내가 나도록 일을 하다가 연료가 떨어진다 싶으면 커피라 불리는 카페인을 내 몸에 흘려 넣는다. 기계도 쉬지 않고 작동시키면 열이 발생하기 때문에 식혀주는 시간이 필요한데, 나는 나를 계속해서 작동시킨다. 아... 아닌가? 기계도 축적되는 발열을 막기 위해 선풍기로 모터를 식혀가며 계속해서 작동시키던가.

누가 그렇게 하라고 시킨 것도 아닌데 스스로가 자신을 닦달하는 게 지겹다. 나도 모르는 사이에 쫓기게 되는 일은 이제 하고 싶지 않다. 누군가에게는 이 소리가 배부른 소리처럼 들릴지도 모르겠다.

몇 주 전, 누군가와 나누었던 대화가 생각난다. 그가 요즘 참여하고 있는 모임에는 회사를 그만두고 카페를 차리고 싶어 하는 사람이 많다고 했다. 카페에서 일하면서 익히 들어온 이야기였기에 새삼스럽지 않았다. 회사원들은 심심하면 "회사 그만두고 카페나 차리고 싶다"고 이야기를 하기 때문이다. 그러면 내가 드는 생각은 '카페일을 앉아서 돈 버는 일 쯤으로 생각하는구나'였다. 그랬기에 뭣도 모르는 인간들이라고 생각하고 있는 찰나였는데, 그의 입에서 차원이 다른 말이 흘러나왔다. 좋아하는 것과 좋아하는 일은 다른 거라며, 그 사람들을 뜯어말리고 싶다고 했다. 끄덕끄덕하고 말았는데, 집에 와서 생각하니 '좋아하는 것이 일이 되는 건 좋은 거 아닌가?' 하는 생각이 들었다.

 좋아하는 게 일이 되면 일하는 과정이 아무리 고되더라도 과정 자체를 즐기게 된다. 결과가 어떻든 간에. 물론 누군가는 좋아하는 게 일이 되면 싫어질지도 모른다고 말할 수도 있을 것이다. 그렇다면 그건 좋아하는 게 일이 되었기 때문에 싫어진 게 아니라 일로 하지 않았어도 언젠가는 싫어질 수도 있던 거였다는 생각이 든다. 밑져야 본전인데, 어차피 사는 거 다 힘들고, 돈 벌어 먹고살기 힘든 건 매한가지인데 과정이라도 즐거우면 좋은 거 아닌가? 좋아하면 즐기게 되고, 즐기게 되면 잘 될 수도 있다. 잘 된다는 것을 세상의 기준으로 '돈이 벌림', '유명해짐'으로 놓고 봤을 때 설령 잘 안된다 해도 하는 동안 즐거웠으니 손해는 아니다.

 잘하는 일과 좋아하는 일이 다르면 대부분의 사람은 잘하는 일을 하라고 하지만, 나는 좋아하는 일을 하라고 말하고 싶다. 적어도, 좋아하는 걸 일로 하게 되면 내가 살아가고 싶은 모습에 더 가까워지게 되니까. 나는 기계가 되고 싶지는 않다. 나로 살고 싶다.

좋아하는 맛, 들깨크림 파스타

재료

양파 1개, 마늘 2쪽, 느타리버섯 한 줌, 두유 한 컵, 들깨가루 2큰술, 소금 1/2작은술, 조선간장 1작은술, 파스타면

조리과정

① 양파는 0.5cm 두께로 채 썰고, 마늘 2쪽은 얇게 채 썬다. 느타리버섯은 먹기 좋은 크기로 찢어서 준비한다.

② 후라이팬에 기름을 두르고 마늘, 양파, 느타리버섯 순서로 볶는다.

③ 채소가 모두 볶아지면 두유 한 컵, 소금 1/2작은술, 조선간장 1작은술, 들깨가루 2큰술을 넣고 한소끔 끓여 준다.

④ 한소끔 끓으면 적당한 농도로 소스를 졸인다.

⑤ 삶은 면을 소스에 버무려 낸다.

함께 살아간다

 11월 22일은 김치의 날이라고 한다. 365일 중 참 모르는 날이 많다. 김치의 가치를 알리고, 문화를 발전시키기 위해 재작년부터 지정된 날이라고 한다. 이름은 '김치의 날'이지만, 어쩐지 김치보다는 김치를 담근 수많은 손들이 떠오른다.

 김치를 담그는 사람들이 점점 줄어간다고 해도 이쯤 되면 김치 담그는 풍경을 심심찮게 볼 수 있다. 누가 사가든 안 사가든 매일 같은 자리에서 알타리와 쪽파를 반짝반짝 윤이 나게 손질해서 늘어놓는 할머니와 그 주변에 말동무를 하고 있는 할머니들. 마트 앞 트럭 채 쌓여있는 배추와 무. 아파트 복도에 햇빛 샤워를 하는 빨간 물이든 노란 고무장갑과 파란 비닐 포대. 이미 담가진 김치를 김치통 켜켜이 쌓아 밀차로 나르는 사람들.

 이런 풍경들을 보다 보면 '예전보다 김치를 덜 먹는다 해도 아직도 김치는 일상의 한 켠을 자리하고 있구나' 싶은 생각이 든다. 언젠가부터 집을 잠시 떠났다가 돌아오면 꼭 김치찌개를 끓여 먹는다. 다른 반찬 없이 현미밥 지어서 찌개 한 큰술을 입에 떠 넣으면 '아~ 집이구나'하는 소리가 절로 나온다. 아마 김치가 나와 가장 가까운 음식이어서 그렇지 않을까 싶다.

우리는 음식을 먹을 때 채소에 들어있는 영양분만 먹는 것이 아니라 거기에 깃든 에너지까지 함께 먹는다. 그 말인즉슨, 누군가가 기른 채소에는 그 채소를 기른 사람의 에너지가, 누군가가 만든 음식에는 그걸 만든 사람의 에너지가 담긴다는 것과도 같다. 그래서 나는 요리할 때 웬만하면 알레르기가 있는 재료를 만진다거나 컨디션이 좋지 않다거나 하지 않으면 비닐장갑을 끼지 않는다.

보이지 않지만, 손에는 많은 미생물이 살아 있고, 요리하면서 내 손에 사는 미생물들이 접촉을 통해 음식에 녹아들게 된다. 그게 바로 음식에 깃드는 에너지다. 그렇기에 나는 내 몸에 사는 미생물이 내가 만드는 음식에 들어가기를 바란다. 그리고 내 음식을 먹는 사람들이 그 미생물을 먹는다면 좋겠다. 그렇기 때문에 김치를 담글 때도 장갑을 끼지 않는다. 보통, 장갑을 끼지 않으면 골마지 곰팡이가 쉽게 낀다고 생각하지만 매해 나의 김장 김치가 짱짱한 것을 보면 그렇지도 않은 것 같다.

내 몸에 사는 것이 '나쁘다, 혹은 더럽다'라고 생각한다면 어찌나 자신을 긍정할 수가 있을까. 현대사회에 들어서면서부터는 모든 균이 위험하고 나쁜 것처럼, 마치 내 몸에 사는 미생물이 더럽고 모두 없어져야 할 것처럼 잘못된 위생 관념이 부각되고 있다. 그러나, 우리는 보이는 존재들뿐만 아니라 보이지 않는 존재와도 공생하고 있다는 사실을 잊지 않고 싶다. 그래서 나는 매년 김치와 고추장을 담근다. 김치와 고추장에 내 몸에 사는 균이 들어가 널리 널리 개체수가 늘어나길 바라고 나와 가족들이 그걸 나누어 먹고 몸 안에 좋은 균이 늘어나면 좋겠다. 그리고, 김치와 고추장에 사는 많은 균이 우리 집에서 살아가기를 바란다.

그렇게 나는 균과 함께 살아간다.

기브 앤 테이크

 찻잔을 감싸고 있던 엄마의 손이 아빠의 목덜미로 향한다. 아빠의 얼굴에 노곤한 미소가 퍼진다.

 "따뜻하지? 목뒤에 이렇게 해주면 따뜻하고 긴장도 풀어지거든."
 하고 말하며 손을 거두어 다시 찻잔을 쥔다. 그러자, 아빠가 머리를 양쪽으로 흔들며 엄마 쪽으로 내민다.

 "한 번 더 해달라고?"

 배시시 웃으며 고개를 끄덕이자, 엄마가 "이렇게 하면 마사지가 되서 참 좋아. 그래서 내가 요즘 매일 아침마다 이렇게 마사지하잖아. 좋지?" 하며 손을 다시 아빠의 목덜미로 가져다 놓는다.

 엄마가 주방에서 "케익 한 조각을 먹어볼까?" 하고 콧노래를 부르면서 냉장고 문을 연다. 문이 열리는 소리에 거실에 있는 아빠가 반응한다. 어느 틈에 바퀴를 굴려 엄마 곁에 온 건지 엄마에게 "간성 가세요"라고 말을 건넨다.

"자기도 케잌 달라고?"
"고고고고"
"한 입만 달라고?"
"으흠~"

 아빠와 엄마의 대화를 보고 있자면 개떡같이 말해도 찰떡같이 알아듣는 만담 같다. 이 두 사람, 이토록 의사소통이 잘 되는 걸 본 적이 있던가.

 4년 전, 새해를 맞이한 지 얼마 되지 않은 어느 날 주말 연속극을 보다 쓰러진 뒤로 아빠는 두 문장만을 말할 수 있게 되었다. "고고고고"와 "간성 가세요"도대체 간성은 왜 자꾸 가라는 건지 그렇지만 엄마와 아빠는 그 어느 때보다 대화를 나누고 있는 것처럼 보인다. 쓰러지기 전 아빠는 입 밖으로 내뱉을 수 있는 단어와 문장이 훨씬 많았지만, 두 사람이 음성언어로 표현할 때마다 어쩐지 서로 닿아 있다거나 소통한다는 느낌은 전혀 들지 않았다. 결혼을 하고 네 아이를 낳고 기르고, 한집에 살지만, 어느 타인보다도 먼 사이처럼 보였달까. 그래서인지 대화를 나누는 두 사람의 모습은 낯설기도 하고, 전에 없이 다정하여 손발이 오그라들기도 한다.

 모르는 사람이 보기에는 주로 아빠의 말을 엄마가 해독하는 것처럼 보이겠지만, 음성언어가 아닌 다양한 표현으로 아빠는 분명 엄마에게 '말'을 건네고 있다. 다양한 표정과 눈빛, 몸짓, 손짓으로 그 어느 때보다 적극적으로 엄마에게 가 닿으려 하고 있고, 엄마는 긴장과 불안에서 벗어나 마침내 자유롭고 평온해 보인다.

두 사람의 모습을 보며 사랑은 타인의 존재에 귀 기울이는 것이 아닐까 하고 생각한다. 서로에게 자신이 원하는 것, 받고 싶은 사랑이 무엇인지에 대해서 표현하고, 자신이 줄 수 있고 주고 싶은 사랑을 주면서 끊임없이 '주고받는 것'. 이것은 비단 부부뿐만이 아니라 모든 관계에 해당한다. 친구, 연인, 가족, 심지어 비지니스 관계에도. 마음이든 행동이든 물건이든, 유형이든 무형이든 서로 주고받으며 관계 안에서 서로의 티키타카를 형성한다. 만약 일정 기간 이상 서로 주고받는 게 없다면, 혹은 주기만 하거나 받기만 하고 있다면 그 관계는 유효기간이 다한 것이지 않을까. 물론 유효기간이 다했다고 해서 그게 꼭 헤어짐으로 귀결되는 것은 아닐테지만.

그동안 나는, 삶의 많은 시간 동안 관계의 유효기간이 다 한 후에도 한참 동안 그 관계를 부여잡고 있었던 것 같다.

엄마와 아빠를 보며 마음에 새긴다. 주기만 하는 것도, 받기만 하는 것도 이제 하지 않기로. 유효기간이 다한 관계는 미련 없이 보내주기로.

월

나는 당신을 믿어요

"그 번데기는 어떻게 됐어?"
"지난번 봤을 때는 아직 그대로였는데, 지금은 어떤지 모르겠네"
"상한 것처럼 보이기도 하던데 아마 죽었나?"
"어어!! 이제 막 나오기 시작했네! 머리가 나오고 있어!"

다큐멘터리 영화 ≪행복의 속도≫에 나오는 장면이다. 단단한 번데기를 자신의 집으로 삼으며 살던 나비가 껍질을 뚫고 세상으로 나오려 하고 있었다. 새가 알을 깨고 나오듯이.

변화를 겪어나가는 시기에는 자신이 옳다고 생각하던 가치들이 흔들리며 스스로를 의심하기 때문에 연약해진다. 그 시기에는 좀처럼 갈피를 못 잡고 방황하는 것처럼 보이는 데 자기 자신이 되기 위해서 꼭 겪어야만 하는 과정이다. 이때, 곁에 있는 사람이 도움을 줄 수는 있겠지만 결국에 세상 밖으로 나오기 위해서는 스스로가 자기 자신을 일으켜야만 한다.

얼마 전, 한 친구와 이야기를 나누다가 동생이 힘든 시기를 보내고 있는데 자신은 별 도움이 되지 못하는 것 같아 미안하고 속상하다는 말을 들었다. 나 또한 동생이 둘 있는 입장이라 어떤 마음인지 너무나 이해가 갔다. 내 동생들은 어려움을 겪지 않았으면 좋겠고, 상처받지 않고 좋은 일만 있으면 좋겠고, 또 어려울 때 도와주고 싶은데 나는 가진 것도 없고 나 한 몸 건사하기도 힘들어서 내가 이런 언니가 아니었다면 얼마나 좋았을까 하고 자책하게 되는 마음. 하지만 사랑이 넘치는 바람에 과잉보호를 받는 동생으로도 살아본 나는 그런 마음을 갖기보다는 곁에서 지켜봐 주고, 격려를 보내는 편이 더 큰 도움이 되지 않을까 생각한다.

네 살 차이 나는 언니와 나는 내가 스무 살이 되기 전까지는 별다른 교류 없이 지냈다. 내가 초등학생 때 언니는 중학생이었고, 언니가 고등학생일 때는 내가 중학생이라 서로의 학교생활이 겹치지 않아서였는지 이야기를 나누거나 뭘 함께 해본 경험이 별로 없었다. 그러다 내가 스무 살이 되면서 같이 여행을 가기도 하고, 술을 마시기도 하고, 연애 이야기도 나누며 관계를 쌓아가기 시작했다. 내가 결혼하기 전까지, 결혼하고 나서도 한동안 언니는 꽤 보수적인 편이어서 부모님도 하지 않는 잔소리를 하고, 때로는 보호라는 이름의 억압을 하기도 했다. 집에 귀가하는 시간이 늦어지면 전화를 수십 통 하고, 집 밖에 나가지 못하게 하거나 핸드폰을 빼앗기도 했다. 많은 시간이 지나서야 언니가 나를 생각하는 마음이 컸고, 나를 보호하기 위해서, 내가 상처받지 않고 나쁜 경험을 하지 않았으면 해서 그랬다는 것을 알지만 그때는 그렇게 하면 할수록 나는 더 몰래, 더 적극적으로 내가 할 수 있는 경험을 찾아다녔다. 20대에 언니와의 관계에서 그런 시간을 보냈기에 나는 동생에게 향하는 사랑이 보호의 형태가 아니라, 지지의 형태인 것이 더 도움이 되지 않을까 생각하는 편이다.

언니도, 나도 그랬듯이 실패하고 시행착오를 겪고 시도하고 포기하고 상처받는 과정 속에서 성장한다. 그런 경험을 하지 않길 바라지만 실패하지 않는 완벽한 삶이란 불가능에 가깝다. 어차피 실패하게 된다면, 상처를 받을 거라면 그런 시행착오를 해도 괜찮은 세상이었으면 하고 바란다. 실패하면 낙오자가 되거나 인생이 끝나버리는 것이 아니라, 다시 도전할 수 있는 기회가 주어지는 세상. 그리고 아니다 싶으면 포기하고 다시 여러번 도전하며 나에게 어떤 옷이 어울리는지 얼마든지 탐색해도 괜찮은 세상. 실패와 포기가 '끈기가 없거나 성실하지 않다'고 취급받지 않는 세상.

제도권 교육에서는 마음껏 실패하고, 상처받으라고 이야기하지 않는다. 무엇이든 잘해야만 하고, 언제나 성공해야 하고, 해야 하는 것도 많지만 그만큼 하지 말아야 하는 것도 너무 많다. 그런 교육을 초등학교부터 고등학교까지 12년 동안 받으면서 살아왔고, 어쩌면 사회생활을 하면서도 계속해서 그런 메시지를 내면화하며 살아가는 걸지도 모르겠다. 나는 나의 동생들이 실패하지 않고 상처받지 않을 수 없다면, 마음껏 실패하고 상처받고 언제든 돌아올 수 있는 곳이 여기 있다고 말해주고 싶다. 자기 자신으로 살아가기 위한 경험을 포기하지 말고 계속해서 해나가라고도.

 영화의 마지막 장면에는 80kg의 짐을 이고, 눈이 내린 10km를 걸어가는 *짐꾼이 나온다. 미끄러운 눈길에도 넘어지지 않고 걷는 이의 모습을 보며 내가 겪지 않고 보지 않은 시간 동안 저 사람은 얼마나 많은 시간을 겪어왔을지 머릿속으로 쓰다듬어 보았다. 봇짐을 쌓는 데에도, 묶는 데에도 노하우가 있겠지. 눈 속에서 넘어지지 않고 걷기 위해 수도 없이 넘어져 보았겠지.

 눈길에도 넘어지지 않고 거뜬히 80kg을 들기 위해서 그는 자신의 두 발로 더듬더듬 균형을 맞추며 걸어 나갈 수 밖에 없었을 것이다. 그 감각을 익히는 것은 오직 자신만이 할 수 있다. 그리고, 누구에게나 넘어지고 다시 일어서며 자신만의 균형을 찾을 수 있는 힘이 있다. 나는 그것을 알고 있고, 언제든 네가 넘어져도 일어설 수 있다는 것을 믿는다.

---

*짐꾼: 일본 오제국립공원에서는 이들을 '봇카'라고 부른다.

엄마는 그런 사람 아니거든

달랑달랑 팥이 든 봉지를 들고 온 나를 보며 엄마가 묻는다.

"팥 샀어?"
"아니. 연인네서 갖고 왔어. 팥죽 해 먹으려고"
"오늘은 애동지라 팥죽 안 쒀 먹는 날인데?"
"애동지가 뭔데? 애동지에는 왜 팥죽 안 쒀 먹는데?"
"애기동지에는 원래 팥죽 안 쒀 먹어"
"왜?"
"애기동지에는 애기 있는 집은 팥죽 쒀 먹으면 나쁘다 그래서"
"그게 무슨 소리래. 그리고 우리 집에는 애기 없잖아?"
"그럼 쒀 먹던가.(짜증)"

'왜'봇인 나는 "이건 이거야"라고 말해도 바로 "그래"하는 법이 별로 없다. 납득이 갈 때까지 계속해서 왜냐고 묻는데, 종종 그 '왜'라는 질문에 사람들은 학을 뗀다. 심리상담 선생님은 호기심이 많고 말로 소통하는 걸 좋아하는 사람이라서 질문을 많이 하는 거라고 했는데, 어릴 적에는 그 질문에 호응받은 기억이 별로 없는 것 같다고도 덧붙이셨다. 엄마의 짜증에 대뜸 선생님과 나눈 이야기가 생각나면서 '엄마가 나 어렸을 때도 저랬으려나?' 싶어 살짝 서운해질 뻔했다. 그러나 입장 바꿔 생각해보니 엄마의 마음도 십분 이해가 간다. "순무 김치를 담글 때는 나박 썰어 담그면 맛있지"라고 말해줘도 "응 그래" 하고 깍뚝 썰어버리는 딸이었으니 녹록지 않았을 게다. 깍둑 썰면 어떻게 되나 궁금했다. 나박 써는 이유가 짐작은 가지만 직접 겪어봐야 직성이 풀리는 인간이라….

내 기억 속 엄마는 성인군자처럼 온화하고, 온 세상을 품에 안은 자애로운 사람이었다. 불안을 온몸으로 보여주는 아빠와 대비되어 더 그렇게 보였던 것 같기도 하다.

어렸을 때 엄마가 해줬던 말 중 내 기억에 깊게 남아있는 말들이 있는데, 그 말들은 어떤 상황이 되면 누가 내 귓가에 대고 "너 엄마가 이렇게 하랬지~"하고 속삭이는 것처럼 늘 곁에 함께 한다. 대충 이런 것이었다.

초등학교 1학년 때, 아마 태어나서 처음으로 청소란 것을 하지 않았을까 싶다. 그 당시에는 수업을 모두 마치면 교실 청소를 하고 하교했다. 나는 바닥 청소가 하기 싫었다. 지금도 집안일 중에서 바닥 청소를 제일 싫어한다. 너무 하기 싫은 나머지 방과 후 집에 가서 엄마에게 "나 청소 하기 싫어"라고 하소연을 했다. 그런 내게 엄마는 "네가 하기 싫은 건 남들도 다 하기 싫으니까 네가 먼저 해~"라는 대답을 돌려주었다. 그 말을 듣고부터 나는 하기 싫은 걸 먼저 나서서 하려는 사람으로 오랫동안 살았다. 집 말고 밖에서만 엄마의 성인군자스러운 면을 롤모델 삼아 살았던 1인으로써 그렇게 하지 않으면 죄책감이 들곤 했기 때문에 마음이 편한 쪽을 택했던 것이다.

이것 말고도 엄마가 해준 말은 또 있다. 남에게 무언가를 줄 때, 갖기 싫거나 필요 없는 걸 주지 말고 내가 가진 것 중 제일 좋은 걸 주라 그랬다. 누군가에게 뭘 줄 때마다 이 생각이 나를 졸졸 따라다닌다. 그러나 성인이 된 나는 내게 필요 없는 것이, 남에게는 필요한 것이 될 수도 있다는 것 정도는 깨칠 수 있었다.

이랬던 엄마는 변한 건지, 예전부터 이랬던 건지 가끔 나를 놀라게 한다. "그거 안 쓰고 버릴 거면 윤군언니 남자친구 가져다줘"라던지, "나도 하기 싫거든? 네가 해"라는 말을 들으면 우리 엄마 맞나 싶어서 다시 한번 엄마를 보게 된다. 대뜸 짜증을 내거나 욕을 할 때도 있고, 가끔은 소리도 지른다. 여기서 내가 간과한 것은 엄마가 사람이고, 그뿐만 아니라 '변해 가는' 사람이라는 것이다. 나는 엄마를 어떤 시절의 모습, 혹은 엄마가 가진 여러 모습 중의 하나의 특성으로 고정해 놓고 내 멋대로 '이러이러한 사람'이라고 단정지어 버렸던 것이다. 그러면서 그렇지 않은 모습을 보일 때는 '엄마가 왜 저래'라던가, '엄마는 이런 사람이 아닌데'라며 나의 이미지 속의 틀 안에 엄마를 가둬 놓았다.

내가 엄마라고 여기고 싶은 모습들만 쏙쏙 골라 담아 '이런 모습의 사람이 엄마다운 것'이라고 여겼던 걸지도 모르겠다.

 얼마 전 짬뽕을 먹는데 엄마가 "나는 짬뽕을 좋아해. 아빠가 짜장을 좋아하지, 나는 원래 짬뽕파였어."라며 자신의 취향을 고백해왔다. 그제야 알았다. 엄마가 짬뽕을 좋아하는 사람이었다는 것을. 한참 동안 엄마를 '한 사람'으로 보지 않고 '엄마'라는 존재로만 바라보며 살아왔다. 내가 알던 엄마의 모습은 아빠라는 그늘에 가려져 있던 모습은 아닌가 싶기도 하다. 아빠가 아프고 엄마가 일종의 자유를 얻게 되면서, 내 마음의 찌꺼기들을 걷어내면서 새로운 여성이자 한 사람이 보이기 시작한다. 처음 보는 식재료가 궁금해서 덥썩덥썩 집어 오는 호기심 가득한 한 사람이, 주눅 들지 않고 할 말을 하는 용감한 여성이, 불편하거나 귀찮을 때는 요령을 부리기도 하는 영숙씨가 보인다. 때론 욕을 하기도, 짜증을 부리기도, 소리를 지르기도 하는 엄마의 모습이 낯설지만 반갑다.

 타인에게서 다채로운 모습을 발견할 때, 그리고 그것을 있는 그대로 둘 때, 나 또한 자유로워진다. 엄마에게서 새로운 모습을 하나씩 발견할 때마다 내게 씌워진 갑옷도 하나씩 벗겨지는 걸 느낀다.

"엄마는 네가 생각하는 그런 사람 아니거든?!"

메리크리스마스

 평소처럼 밥해 먹고, 대화를 나누고, 산책을 하며 하루를 마무리했다.

 우연히 본 유퀴즈에서 "내가 특별하면 평범한 하루가 좋고, 내가 평범하면 특별한 하루가 좋다." 라는 문구를 보았다. 어떤 날에는 평범한 하루도 좋고, 또 어떤 날에는 특별한 하루도 좋고, 누구나 평범한 사람이기도 하고 동시에 특별한 사람이기도 하다. 스스로가 특별하다 느끼지 못하더라도 한 사람, 한 사람 특별하지 않은 사람은 없다. 세상에 당신은 당신 한 사람뿐이니까. 어떻게 해도 당신과 같은 사람은 아무도 없다. 모든 존재가 그렇다. 잡초도, 같은 모습을 한 잡초는 없으며 동물들도 종에 따라 분류하고 하나의 이름으로 부르지만 같은 존재는 단 하나도 없다. 그러니 살아 있는 것만으로도 특별한 하루이고, 특별한 당신이다.

살아 있는 것이 지옥 같을 때도 있다.

2020년 이맘때, 인생에서 가장 어두운 시기를 지나는 중이라 아침에 눈을 뜨면 살아있는 게 끔찍하게 느껴졌다. 아무것도 할 수 없을 것 같고, 세상에 내가 있을 곳은 없다고 느꼈다. 지푸라기라도 잡아보는 심정으로 달리기를 하고, 글을 쓰고, 나를 먹이는 평범한 매일을 살며 조금씩 나아질 수 있었다.

살아 있기에 오늘은 조금 더 다르게 살아 볼 수 있고, 내일은 조금 더 나아질 수 있다. 자신에게 오늘도 잘 살아냈다고, 나를 먹이고 살리느라 고생했다고 말해줄 수 있는 오늘이 되기를.

연말에 함께하면 좋을,
세발나물 유자 샐러드를 곁들인
방울양배추 페스토 파스타

12월의 레시피

세발나물 유자 샐러드 레시피

재료
세발나물 한 봉지, 유자청 10큰술, 소금 1작은술, 올리브오일 2큰술

조리 과정
① 세발나물은 흐르는 물에 깨끗하게 씻어 준비한다.

② 유자청의 건더기는 잘게 다져서 준비한다.

③ 세발나물에 유자청 10큰술, 소금 1큰술, 올리브오일 2큰술을 넣고 먹기 직전에 버무린다.

활용 방법
유자드레싱은 세발나물뿐만 아니라 어린잎 채소나 얇게 썰어 살짝 데친 연근, 채 썬 무나 콜라비, 양배추나 배추, 구운 비트 등 재료를 변주하여 다양한 샐러드를 만들 수 있다.

방울양배추 페스토 파스타

재료
방울양배추 15개, 잣 5큰술, 소금 1작은술, 조선간장 1작은술, 올리브오일 3큰술

조리 과정

① 방울양배추는 흐르는 물에 씻어 4등분 해준다.

② 마른 후라이팬에 잣을 노릇하게 볶는다.(약불)

③ 볶은 잣을 푸드프로세서에 넣고 갈아 준다.

④ 잣을 볶은 후라이팬에 기름을 살짝 두르고 방울양배추를 볶는다.

⑤ 방울양배추의 한 면이 노릇해지면 뒤집어준 후 물을 살짝(1-2큰술) 넣고 뚜껑을 닫아 약불에서 속까지 익혀 준다.

⑥ 방울양배추가 다 익으면 소금 1작은술, 조선간장 1작은술, 올리브오일 3큰술과 함께 잣이 들어 있는 푸드프로세서에 넣고 곱게 갈아 준다.

⑦ 푸실리 파스타는 봉투에 적혀 있는 시간에 맞춰 삶아 준비한 후 방울양배추 페스토를 넣고 버무려 준다.(한 사람 당 크게 1.5줌의 양이면 적당하다.)

활용 방법

① 방울양배추가 없다면 맛은 달라지겠지만 양배추나 브로콜리, 컬리플라워를 사용해도 무방하다.

② 잣 대신에 다른 견과류를 사용해도 좋다. 호두나 해바라기씨, 땅콩 등 다양한 견과류를 사용할 수 있다. 어떤 견과류를 사용하느냐에 따라서 풍미가 달라진다.

비트 오븐구이

재료
비트 1개, 기름 적당량, 소금 2~3꼬집

조리 과정
① 비트는 엄지손톱 크기로 깍둑 썰은 후 현미유를 둘러 200도로 예열한 오븐에 7분, 175도로 예열한 오븐에 7분 구워 준비한다.(날카로운 것으로 찔러봤을 때 푹 들어가는 정도면 된다.)

② 잘 구워진 비트 위에 소금 2~3꼬집을 뿌려 간을 해준다.

플레이팅
① 세발나물 유자샐러드를 접시 가장자리에 둘러 준다.

② 가운데에 방울양배추 페스토 파스타를 소복이 쌓아준다.

③ 방울양배추 페스토 파스타 가장자리에 구운 비트를 적당량 두른다.

④ 마지막으로 집에 먹다 남은 빵을 치즈 그레이터(강판)에 갈아 준다.

⑤ 기호에 따라 갈은 후추나 말린 허브를 곁들인다.

참 잘했어요

 일어나면 눈곱을 떼기도 전에 가장 먼저 주방으로 향한다. 채소를 다듬고, 썰고, 볶고, 익히면서 서서히 잠을 깬다. 아침에 채소와 함께 보내는 이 시간이 참 좋다.

 오늘은 크리스마스를 맞아 내게 어여쁜 한 그릇 요리를 선물했다. 오늘처럼 가끔 손이 많이 가는 요리를 할 때가 있는데, 그건 내가 나한테 주는 선물이다. 하루에 두 시간을 오롯이 내게 내어주는 일. 그 시간을 내가 좋아하는 일, 하고 싶은 일로 채우는 것. 머릿속에 떠오른 그림을 접시에 그려보는 일, 손으로 만지작거리면서 만들어 내는 일이 좋다. 생각한 대로 되어도, 예상치 않게 다른 방향으로 흘러도 그건 그것대로 좋다.

 전에는 크리스마스에 혼자 있어도, 누구와 함께 있어도 늘 외로웠던 것 같다. 그 당시에 나는 내가 받고 싶은 사랑을 타인에게서 구하고자 했다. 내가 원하고 바라는 것을 타인에게서 얻으려고 할 때는 누가 내게 뭘 줘도 그 마음이 충족되지 않아 항상 부족했고, 갈증을 느꼈다. 아마 누가 내게 사랑을 주지 않아서가 아니라, 내가 나와 불화하면서 지내고 있었기 때문이었던 것 같다. 내가 나와 불화할 때는 누가 내게 아무리 좋은 것을 줘도 온전히 받지 못한다.

얼마 전 본 영화 ≪브로커≫에는 이런 장면이 나온다. 모텔방에 한 핏줄은 아니지만 가족이 되어가고 있는 상현, 동수, 소영, 해진, 우성이 있다. 상현은 소영에게 우성이소영 아들에게 말을 거는 것을 본 적이 없는 것 같다고 말하면서, 이게 마지막이 될 텐데 뭐라도 말해 보라고 한다. 소영이 어차피 기억도 못 할 텐데 뭐 하러 말하냐고 하니, 옆에 앉은 해진이 그럼 우성이 말고 우리에게라도 해달라고 한다. 소영은 마지못해 알겠다고 하면서 불을 꺼달라고 말한다. 동수가 불을 끄고 모두 자리에 눕는다. 소영은 한 사람 한 사람 이름을 부르며 "태어나줘서 고마워"라고 말한다. 소영의 말이 끝나자 옆에 누운 해진이 "소영아. 소영이도 태어나줘서 고마워."라는 말을 돌려준다.

이 장면을 보며 지난봄, 생일을 맞이한 친구에게 "○○아, 세상에 잘 왔어"라고 했던 일이 떠올랐다. 친구는 그 말을 듣고 충격을 받았다며, 동시에 묘한 감동을 느꼈다고 했다. 아마 살면서 누군가에게 이 세상에 잘 왔다거나 태어나준 것 자체로 고마움을 들을 일은 한창 연애 중인 연인 사이가 아니라면 없을지도 모르겠다. 그리고, 그런 말을 들었다고 하더라도 진심으로 와닿는 일은 더욱 드물다. 살아오면서 종종 엄마는 내게 '태어나줘서 고맙다'라고 말해주었지만, 그 말이 내게 깊숙이 와닿은 것은 작년부터였다. 이전까지 나는 알지도 못한 채 태어나서 이렇게 엉망진창인 세상에 살아가는 것에 화가 나 있었다. 사는 데 화가 난다면 이소라 'track 9'를 들어보세요. 그래서 누가 아무리 내게 태어나줘서 고맙다고 한들 들리지 않았다. 결국 내가 그 말을 진심으로 받아들이게 된 때는 이렇게 엉망진창인 세상임에도 불구하고 그 와중에도 이렇게나 아름다운 것들을 보고 아름답다고 느끼면서, 내가 나에게 스스로 "세상에 잘 왔다"라고 말해주면서부터였던 것 같다.

오늘, 혼자여서, 누구와 함께여도 외롭다고 느끼는 사람에게 말해주고 싶다. 누군가에게 듣고 싶은 말이 있다면 스스로에게 해주라고. 그리고 가장 좋은 것을 자기 자신에게 제일 먼저 주라고.

연말이라 올 한 해 동안 살아온 것에 대한 아쉬움이 남거나 '하지 못한 것들'에 대한 후회, 지키지 못한 약속들이 죄책감처럼 따라다닐지도 모르겠다. 스스로를 다그치기 전에 오늘 하루를 살아낸 자신에게 칭찬부터 해주었으면 좋겠다. 살아가는 것만으로도 대단한 일이니까. 그리고 이렇게 하루하루가 모여 일 년이 되었을 테니까, 그것만으로도 이미 훌륭하다.

두 번째 바람이 불어왔다

"Slow down you too important"

이 문장을 당신에게 설명할 때, 두 번째 바람이 내게 불어왔다.

내 오른쪽 손목에 새겨져 있는 문구다. 이 문장을 몸에 새기기로 결정했을 당시는 양말을 신지 않으면 발이 시린 겨울날이었다. 아무리 민감한 내 몸이라 하더라도 차가운 바람이 타투의 열기와 자극을 식혀줄 것 같았다. 만약 그렇지 않아 상처가 덧나더라도 여러 겹 입는 옷이 충분히 아물 시간을 벌어줄 것 같았기에 마음이 바뀌기 전에 타투이스트를 찾아갔다.

문을 열고 들어가니 5평 정도 되는 아담한 원룸 공간이 나왔다. 타투이스트는 전에 타투를 해본 적 있냐며 자리를 안내해주었다. 한 줄의 문장을 오른쪽 손목에 새기고 싶다고 하니 일자로 새겨도 손목을 움직일 때마다 문장의 위치가 조금씩 바뀔 수 있다고 했다. 그러고는 어떤 글씨체가 마음에 드는지 골라보라며 하나하나 글씨체를 보여주기 시작했다. 한 페이지에 스무 개 정도의 글씨체가 있었고, 페이지를 표시하는 숫자의 가장 오른쪽에는 점 세 개보다 많은 글씨체가 담겨있었다. 60개 정도의 글씨체를 보았을까, 모든 글씨체를 다 보려니 아득하게 느껴졌다. 더 보지 않고 60개 안에서 고르겠다고 이야기를 하니 "처음 타투하시는 분 같지 않네요. 이렇게 빨리 고르시는 분은 처음 봐요." 라는 말이 돌아왔다. 그러고는 괜찮으시겠냐는 물음도. 괜찮다는 말 대신 마음에 든다는 말을 돌려주고는 타투를 새기기 위해 침대에 누웠다.

 채식을 하기 전에는 편도염과 감기를 계절이 바뀔 때마다 달고 살았으므로 주사를 하도 많이 맞아서 주삿바늘이 내 몸을 찌르는 것쯤은 아무런 타격감도 없었다. 그러나 한 번이 아니라 지속해서 내 몸을 찌르는 것이라면 이야기가 달랐다. 얼마나 아플까를 상상하며 미간에 긴장이 꽉 들어찼다. 타투이스트가 누워 있는 내게 후리스로 된 이불을 덮어 주었고, 가운데가 폭 들어가 있는 베개를 머리 아래에 놓아주었다. 소독약이 묻어 차가운 솜이 손목을 여러 번 왔다 갔다 하고, "시작할게요"하는 말과 함께 살갗에 바늘이 가르며 문구가 새겨지기 시작했다. 바늘이 지나간 자리가 화끈거렸다. 아픈 건지, 아프지 않은 건지 헷갈렸다. 몇 분 지나고 익숙해지니 시원하게 느껴졌다. 그날 그 침대에서 그즈음의 그 어느 날보다 단잠에 들었다.

 심리상담 선생님은 처음 만난 날의 나를 떠올리며, 동굴에 웅크리고 앉아있는 아이 같아 보였다고 했다. 그즈음의 내 모습이었다. 세상에 나 홀로 뚝 떨어진 것 같았고, 아무런 정보나 지도도 주어지지 않아 어디로 가야 할지 몰라 주저앉아 있었다. 에너지가 있었다면 신나게 탐험하는 마음이 되었겠지만, 하루하루 나를 살려두는 데만 해도 에너지를 박박 긁어 써야 했다. 그즈음의 나는 주로 누워있었다. 가만히 멍을 때리거나, 영화를 봤다. 그때 본 영화에서 저 문구를 만났다.

"서두르지 마. 넌 너무 귀한 존재야."

 누가 어떤 위로를 건네든 아무 효용이 없던 시절이다. 내게 건네는 말도 아닌 한 문장이 내 마음에 박혔다. 잊고 싶지 않다는 마음이 들었고, 잊지 않기 위해 내 몸에 새겨야겠다고 생각했다.

 그 이후로 두 번의 계절이 지나가고 초가을에 접어든 때에 당신을 만났다. 그사이 나는 결혼 생활에 마침표를 찍었고, 새로운 일을 시작했으며, 더는 이전처럼 살지 않기 위해 심리상담을 받은 지 1년이 되었다. 이른 아침 요가 수업이 끝나고 나는 심리상담을 받기 위해 신촌으로, 그는 회사가 있는 이대로 가는 길이었다. 그가 연희동에서 이대로 걸어간다길래 나도 함께 걷겠다고 하고 그 옆에 섰다. 아직 채 가시지 않은 여름의 초록이 무성했고, 이른 아침의 도로는 목적지를 향해 움직이는 자동차들로 분주했지만, 우리가 나란히 걷는 거리만은 왠지 여유롭게 느껴졌다.

 처음 함께 한 산책은 어색했다. 그러나 왠지 그 어색함이 좋았다. 말과 말 사이의 공백을 메우기 위해 미친 듯 말을 뽑아내지도 않고, 뇌를 이리저리 굴리지도 않았다. 어색한 시간을 잘 못 견디는 나였는데, 어느덧 어색함이라는 감정도 자연스럽게 받아들이고 있다는 걸 깨달았다. 어색한 시간을 있는 그대로 두었다. 그 자리에서 나는 그 누구도 되지 않고, 될 필요도 없고 '어색해 하는 나'로 존재할 수 있었다.

걷는 동안 그는 손목에 적혀있는 타투가 무슨 뜻이냐고 물었다. 그에게 열심히 타투에 대해 설명하는 동안 주마등처럼 몇 년간의 시간과 장면들이 파노라마처럼 지나갔다. 사랑에 갈급해, 사랑을 받기 위해 여기저기 기웃거리며 사랑을 구하러 다니던 시절이. 그 속에는 어딘가에 있을 거라며 소울메이트를 찾아 헤매던 시절도 있었다. 그 시간을 지나 내가 찾아 헤맨 소울메이트는 내 안에 있다는 사실에 안도했고, 더는 나 아닌 사람이 되어 사랑을 받지는 않겠다는 다짐을 했다. 그때 두 번째 바람이 내게 불어왔다.

그렇게 당신이 내게 왔고, 나는 그 어느 때보다 더 나 자신으로 살아가고 있다. 당신과 함께.

---

*두 번째 바람: 김연수 작가의 『이토록 평범한 미래』에 나오는 단어다. 운동하는 중에 고통이 줄어들고 운동을 계속하고 싶은 의욕이 생기는 상태. 이른바 데드포인트라 불리는 시점을 지나고, 죽을 것 같이 힘든 때가 지나간 후에 다시 기운이 나는 상태를 말한다. 소설에서 '세컨드 윈드(Second wind)'는 주인공이 새로운 인생을 시작하는 데 대한 비유로 쓰인다.

1월

좋아질 기회

 지난 계절 담가놨던 고추장아찌를 야금야금 꺼내먹다 보니 500ml 한 병밖에 남지 않았다. 여름이 되면 이렇게 먹어도 저렇게 먹어도 여기저기 고추 풍년이라 좀처럼 줄어들 기미가 보이지 않아 그럴 때면 장아찌를 담근다. 채식을 시작한 후로 장아찌를 잘 담그지 않는데 거의 유일하게 살아남은 장아찌가 고추장아찌다. 반찬이 없을 때 반찬 고민을 덜어주는 고마운 반찬이 되어주기도 하고, 입맛이 없을 때 쌀밥 위에 한 점 얹기만 해도 집 나간 입맛이 돌아온다. 내가 차린 식탁에 고추가 올라오는 것은 4~5년 전만 해도 상상도 못 할 일이었다.

 호불호가 많이 갈리는 익히지 않은 당근이나 오이도 잘 먹고, 심지어 별로 좋아하지 않는 감자지금은 사랑한다도 군말 없이 잘 먹는데 진저리 치면서 싫어하던 채소가 고추였다. 고춧가루는 괜찮은데, 고추는 싫었다. 언제부터 싫어하기로 작정한 건지는 모르겠지만, 고추를 너무 싫어한 나머지 음식에서 고추 향만 느껴져도 입에 대지 않았다. 그래서 엄마는 늘 전을 두 개로 나눠서 부쳐주고는 했다. 반죽을 해서 두 개의 볼에 나눠 담은 다음, 하나는 그대로 부치고 하나는 고추를 넣어서 부쳤다. 가끔은 "전에 고추를 넣어야 맛있지~"라고 이야기하기도 했지만, 일부러 먹이려고 시도하거나 먹어야 한다고 강요하지는 않았다. 그렇게 싫어하던 고추를 이제는 돈 주고 마트에서 사기도 하고, 청양고추는 늘 냉동고에 쟁여놓으며, 풋고추가 나는 철에는 고추만 들어간 고추잡채를 하기도 한다. 과거의 내가 알면 아주 기함할 일이다.

한때 싫어했던 채소는 시간이 지나면서 좋아지기도 했고, 지금은 가리는 음식 없이 골고루 잘 먹는 편이다. 싫어하던 채소가 좋아질 수 있었던 것은 아무도 내게 억지로 먹이려 하지 않았기 때문일지도 모르겠다고 종종 생각한다. 내가 싫어하는 걸 누가 억지로 먹이려 하는 것은 상상만으로도 고통스럽다. 식탁에 앉는 시간이 고문이 될 가능성이 크며, 그렇게 괴로운 기억으로 각인된 음식은 평생 싫어할 확률이 높다.

한국은 김치에 대한 자부심이 드높은 나라여서 그런지, 어딜 가도 김치가 기본 메뉴로 나오고 어릴 때부터 김치 교육을 한다. 김치 교육이라는 것은 내가 지어낸 말인데, 김치를 먹이는 교육을 말한다. 초등학교에 들어가면 급식을 먹게 된다. 급식의 세 가지 반찬 중 김치는 고정 메뉴로 나온다. 김치찌개를 먹어도 김치가 반찬으로 나오니 말해 뭐하랴. 급식을 먹기 시작하면서부터 각 가정에서는 김치를 먹이기 위한 전쟁이 시작된다. 물에 씻어서 주고, 잘게 썰어서 주고, 그래도 안 먹으면 '이거 안 먹으면 TV 안 보여 준다'고 협박을 하기도 한다. 그렇게 이 집 저 집 김치 전쟁이 나는 와중, 처음 먹은 김치가 다행히 입에 잘 맞은 사람은 마치 대단한 일이라도 한 것처럼 온 칭찬을 한 몸에 받는다. 한 집에 살던 조카는 유치원을 다니며 김치를 먹기 시작했는데, 동네방네 자신이 '김치를 먹은 사건'에 대해서 자랑하고 다녔다. 그러면 어른들은 '매운 것도 잘 먹네'라거나 '어이구~ 김치를 먹었어요. 대단해!'라는 말을 돌려준다. 김치를 먹는 것에는 그런 강요와 자랑이 용납된다.

  요리 수업을 하다보면 김치 전쟁의 후유증으로 성인이 돼서도 김치 트라우마를 가진 사람들을 종종 보고는 한다. 생각보다 그 수가 많아서 깜짝 놀랐다. 기껏 수업에서 담근 김치를 가져가지 않거나, 한 입 맛보지도 않고 버릴 때도 있다. 사연을 들어보면 대부분은 양육자 혹은 선생님이 억지로 먹이려고 한 기억이 남아 자기는 김치만 봐도 신물이 난다고 하는 경우가 많았다. 한 때는 우유도 그랬다. 지금도 그런 지는 잘 모르겠지만 우유가 학교에서 간식으로 나오던 시절이 있었다. 키 크는 것과 우유를 먹는 것 사이의 상관관계는 증명되지 않았지만, 우유를 먹어야 키가 큰다며 매일 한 컵씩 우유를 마시도록 권하던 시절이었다. 지금도 그럴지도 모르겠다. 키가 작으면 좀 어떤가. 우유를 다 먹었는지 검사를 하기도 했는데 대부분의 친구들은 울며 겨자 먹기로 꾸역꾸역 우유를 먹었고, 끝까지 버틴 친구들은 우유를 책상 서랍에 숨기거나 실내화 가방에 넣어 집에 가져가고는 했다. 방치

된 우유는 한 개, 두 개 쌓여가고, 안쪽으로 밀려들어 가다가 터져서 교실에 온통 우유 누린내가 날 때도 있었다.

 우유나 김치뿐만이 아니다. 건강에 좋다는 이유로, 양육자가 '꼭 먹어야 한다'고 생각하기 때문에 밥상에서 아이들과 실랑이하는 경우를 종종 본다. 처음 맛보는 음식이라 낯설어서 무작정 거부하는 것일지도 모르겠지만, 대부분은 싫다는 걸 억지로 먹이려고 해서 벌어지는 경우다. 아이는 먹기 싫다고 울고불고, 양육자는 '먹어야 한다'고 '먹지 않으면 안 된다'고 고래고래 소리를 지르고. 평화롭고 즐거워야 할 밥상에 고성이 오가는 걸 보면 안타까운 마음이 든다. 아무리 맛있는 음식이라고 해도 원하지 않는 음식을 억지로 먹는 게 맛있게 느껴질 리가 없다. 아마 먹이려 하는 당사자도, 자신이 싫어하는 음식을 누군가 먹이려고 하면 거부할 것이 뻔한데도 그 상황에 놓이면 역지사지가 안 되나 보다. 사실은 나도 그랬다.

 아빠와 병원 생활을 할 때, 아빠는 음식을 매우 가려 먹었다. 그래서 밥 먹을 때마다 나는 골고루 먹이려고 용을 쓰고, 아빠는 먹고 싶은 것만 먹으려고 반찬 그릇을 뺏고 빼앗기며 한바탕 실랑이를 했다. 그 이후로도 아빠의 입맛은 열두 번도 더 바뀌었다. 잘 먹던 반찬을 갑자기 싫어하기도 하고, 안 먹던 반찬을 찾을 때도 있다. 요리하는 사람으로서는 신경 써서 해줘도 잘 먹지 않으니 이렇게 보람이 없을 수가 없다. 그러나 지금은 억지로 먹이려는 노력은 하지 않는다. 생각해 보면 아빠는 쓰러진

날부터 어쩔 수 없이 비흡연자가 되었고, 담배를 피우던 사람이 담배를 피우지 않으면 입맛이 변한다고 한다. 그리고 그런 사실과는 무관하게 뭘 먹을지, 먹지 않을지는 내가 왈가왈부할 문제가 아니라 아빠가 결정해야 할 일이다. 아빠에게 이것저것 먹이려고 할 당시의 나는 아빠를 한 사람의 인격체로 인정하지 못했던 것 같다. 아빠에게는 뭘 먹고 먹지 않을지, 뭐가 몸에 좋고 좋지 않은지 가려낼 능력이 없다고 생각했다. 그러나 무얼 원하는지, 내 몸에 뭐가 필요한지는 자기 자신이 제일 잘 안다. 설사 몸에 좋지 않은 걸 계속 먹는다고 할지라도 그것조차 자신의 선택이고 스스로 책임져야 할 부분이다.

아이와 밥상에서 실랑이하는 사람의 대부분은 양육자이기에 한 입이라도 더 먹이고 싶은 마음에 애가 탈 것 같다. 먹지 않으면 어디 아프지는 않을까, 제대로 발달하는 데에 지장을 주지는 않을까. 그러나, 한 발짝 떨어져서 보면 싫어하는 걸 억지로 먹이려고 하는 건 어린이 자신의 의지와는 무관하게 '싫어하는 음식을 좋아할 기회를 박탈시키는 것'일지도 모른다. 무엇이 좋고 나쁘고를 판단하고, 그걸 주입하기보다는 좋아질 기회를 주는 것이 어떨까? 그러면 양육자에게도, 아이에게도 식사 시간이 조금 더 편하고 즐거워질지도 모른다. 모두의 밥상에 평안이 깃들기를 바란다.

고추장아찌를 색다르게 먹는 방법, 콩전

콩전은 반찬이 없을 때 종종 부쳐먹는 메뉴 중 하나다. 우리 집에는 늘 콩이 있고, 어느 콩으로든 만들 수 있어서 좋다. 전분은 넣어도 되고, 안 넣어도 되지만 넣으면 전을 조금 더 쉽게 부칠 수 있다. 껍질이 없는 콩의 경우에는 전분을 안 넣어도 잘 부쳐지지만, 껍질이 있는 콩은 전분을 꼭 넣어주도록 한다.

콩전은 재료를 많이 넣지 않아도 고소하고 맛있다. 속재료로 넣을 수 있는 것들은 많지만, 나는 간단한 걸 좋아하기 때문에 항상 장아찌만 종종 썰어서 넣는다. 어떤 장아찌를 넣어도 맛있다. 넣을 수 있는 다른 속재료로는 김치, 숙주나 고사리, 버섯이나 양파가 있다.

재료
말린 콩 반 컵, 물 1/4컵, 전분 1큰술, 가는 소금 1/2작은술, 고추장아찌 한 줌

조리 과정
① 콩 반 컵을 하룻밤 불린다. 거피가 되어 있는 콩(껍질이 까져 있는 콩)의 경우 4시간 정도 불리도록 하고, 껍질이 있는 콩은 하룻밤동안 충분히 불린다.

② 불린 콩과 물 1/4컵, 가는소금 1/2작은술, 전분 1큰술을 푸드프로세서에 넣고 갈아 준다. 곱게 갈아 주면 좋지만, 약간 식감이 있는 게 좋다면 조금 덜 갈아도 괜찮다.

③ 고추장아찌를 쫑쫑 썰어 준 후 갈은 콩반죽에 섞는다. 너무 크게 썰면 부칠 때 반죽이 분리가 되니 손톱 반 개 크기 정도로 쫑쫑 썬다.

④ 프라이팬에 기름을 넉넉히 두르고 중약불에서 부쳐 준다. 콩 반죽은 부푸는 성질을 갖고 있다. 처음부터 얇게 펴지 말고 약간 봉긋하게 반죽을 올린 후 뒤집고 나서 꾸욱 눌러 준다. 양면이 노릇노릇해질 때까지 충분히 구우면 날콩냄새가 나지 않고 속까지 익는다.

명함을 갈망하던 사람

　20대의 나는 막연하게 언젠가 작가라는 명함을 갖고 싶었다. 글을 쓰고 싶은 게 아니라 그저 어떤 증명을 갖고 싶었다. 카페에서만 10년을 일한 나는 종종 명함을 갖길 바랐다. 도심 한구석 작은 카페는 나의 어엿한 직장이었으나 카페에서 일한다고 얘기하면, 8할의 사람들은 '알바한다'고 생각하고, 말했다. 사람들이 카페에서 일한다는 말을 알바한다는 말로 바꿔 말할 때마다 나는 조용히 속으로 상대방을 비난했다. 매일 성실하고 대체로 충만했으나, 종종 명함을 가진 사람이 부러웠다. 누구나 받아 들면 납득할 만한, 더 이상의 질문을 듣지 않아도 되고 부연 설명을 하지 않아도 되는 직업을 갖고 싶었다. 수많은 명함을 가진 직업이 있었을 텐데도 불구하고, 나는 언젠가는 책을 출판하는 작가가 되고 싶었다. 누구에게나 자신만이 할 수 있는 이야기가 있고, 그건 딱히 내세울 만한 게 없는 나에게도 있다고 생각했던 것 같다. 아니면 책 읽는 걸 좋아해서 일지도, 다양한 이야기나 경험을 책으로 쓰는 건 꼭 한 분야의 전문가가 되지 않아도 가능하기에 다른 명함을 갖는 것보다 쉽다고 생각했을지도 모르겠다.

　내가 그렇게 명함에 집착하게 된 데는 IMF가 터져 온 나라가 떠들썩해졌을 때, 우리 집에도 변화가 찾아왔기 때문이다. IMF

가 터지기 전에는 가정 조사 앞에 주저해 본 적이 없었다. 주저해 본 적이 없다기보다 아무 생각이 없었고, 그로 인해 영향을 받지 않았다는 말이 맞을지도 모르겠다. 지금은 학교에서 가정 조사 같은 걸 왜 하는지 이해할 수 없지만, 내가 다니던 국민학교 시절에는 해마다 당연하게 해오던 일이었다. IMF 전, 모부의 직업란에는 항상 가정주부와 회사원이 적혀졌다. 이후로는 아빠의 직업란에 '프리랜서'라는 네 글자가 적히기 시작했다. 아빠는 집에만 있는데, 내 눈에는 일하는 것 같지도, 돈을 버는 것 같지도 않아 보이는데 그 네 글자의 의미가 무엇인지 알 수 없어 하루는 엄마에게 물었다.

"엄마, 프리랜서가 뭐야? 아빠가 프리랜서야?"
"응. 자유롭게 일하는 사람을 뜻해."

엄마가 그렇게 말해도 나는 믿지 않았다. 그러나 아빠의 직업란에 백수라고 적어 넣는 것은 왠지 부끄러웠기에 피어오르는 의심과 질문들을 덮어두고 입을 다물었다. 그렇게 어영부영 아빠의 직업이 프리랜서가 된 후로는 부모님의 직업을 적어 넣어야 하는 순간이 오면 대변을 보고 뒤처리를 하지 않은 것처럼 찝찝했고, 친구의 부모님이라도 만나는 날에는 아빠는 무슨 일 하시냐고 물어올까 봐 불안했다. 거짓말을 하는 것도 아닌데 떳떳하지 못한 마음은 학창 시절 내내 은근하게 나를 따라다녔다. 누가 내게 무슨 일 하냐고 물어올 때도 비슷한 기분이었다. 그래서 늘 내 마음 한 구석에서는 명함을 갈망하는 마음이 들었는지도 모르겠다.

 막연하게 명함을 갈망했다 해도, 실제로 내가 책을 내는 일이 벌어질 거라고 생각해 본 적은 없었다. 그러나 그 일이 벌어지고야 말았다.

 1년 동안 책을 쓰면서 생각했다. 드디어 나는 작가가 된 것인가. 작가라고 적힌 명함을 탁! 내놓을 수 있게 된 것인가. 그러나, 그러기에는 이제 겨우 한 권의 책을 쓰고 있을 뿐이고 앞으로 계속 글이 책이 되는 삶을 살게 될지 안 될지도 잘 모르겠는데…. 그렇다면 나는 요리사인가? 가끔 사람들에게 돈을 받고 요리를 내어주고 가르치기는 하지만, 내 명의로 된 식당 하나 없는데…. 도대체 내 명함에 적힐 직업은 무엇일까.

 그 사이, 만나는 사람들에게서 이런 말을 듣고, 질문을 받았다.

"재인님은 본업이 요리시잖아요."
"요리사인데, 글을 잘 쓰셔서 작가인 줄 알겠어요."
"작가이신가요?"
"책을 한번 내보세요. 글이 너무 좋아요."

 그러나 누가 '요리사'라거나 '작가님'이라고 칭해올 때마다, 오히려 그 어떤 직업도 본업이라는 생각이 들지 않았다. 나를 요리사라거나 작가라고 소개하면, 그게 나의 전부가 되는 것만 같았다. 나는 요리하는 걸 좋아하고, 매일 달리며 글을 쓰지만 요리사도 작가도 아닌 것 같았다. 일이 모든 생활의 중심이 되길 강요받는 시대다 보니 직업이 삶보다 더 크게 느껴져서 일지도 모르겠다. 그러나 내 삶은 직업으로만 구성되어 있지 않고, 살아가는 것보다 직업이 더 중요하지는 않다. 직업은 내 삶을 구성하는 일부일 뿐이고, 내 정체성의 한 부분일 뿐이다. 어떤 이에게는 일하고, 공부하고, 일하기 위해서 나머지 부분을 맞춰가는 게 프로페셔널한 삶이 될지 모르겠으나, 나는 그저 살아가는 사람이다. 그러니, 삶의 어느 시점에 운이 좋아서 돈을 버는 수단직업이 요리사이거나 작가일 수 있겠으나 그것은 언제든 바뀔 수 있고, 내 진정한 본업은 '살아가는 것'이다. 곧 사랑하는 것이라고 할 수도 있겠다.

 대부분의 시간은 이렇게 쓰고 싶다. 내가 하고 싶고 먹고 싶은 요리해 먹고, 연애도 하고 가족들과 함께 시간을 보내며 글도 쓰고 달리기도 하고, 동생과 함께 텃밭을 일구고, 필요하면 비누는 만들어 쓰고, 바구니를 엮고, 그릇이 깨지면 수선해서 다시 쓰고, 필요한 물건은 뜨개질로 만들고, 구멍 난 곳은 바느질로 메워가면서.

 그렇다면 요리는, 글쓰기는, 달리기는 내게 무엇인가. 나는 왜 글을 쓰고 달리고 요리를 하는가.

 좋아하니까, 살려고.

2인분의 노력이 필요한 일

귤이 한창 제철이다. 노지에서 제초제도 없고, 화학 비료도 없이 햇살과 바람을 맞아가며 자란 귤은 겉은 거무튀튀해도 맛은 일품이다. 전에는 반질반질 매끈한 광택이 나는 귤을 보면 '참 예쁘다' 하는 생각이 들었는데, 뭘 좀 알고 나니 뭐니 뭐니 해도 귤은 거칠수록 맛있다는 고정관념을 갖게 되었다. 귤의 상처는 제 시간을 오롯이 살아왔다는 증거가 아닐까? 세찬 바람을 온몸으로 맞고, 벌레나 새들의 공격을 받으며 상처를 치유해낸 영광의 흉터처럼 느껴져서 어쩐지 좀 더 깊은 맛이 나는 것만 같다.

올해도 벌써 농장에서 직거래 배송으로 10kg 박스를 몇 번이나 주문해 먹었다. 신기한 것은 귤 한 박스에도 다양한 귤이 들어있다는 것이다. 어떤 것은 좀 더 시큼하고, 어떤 것은 좀 더 달고, 어떤 것은 향이 진하고, 어떤 것은 은은하다. 같은 농장에서 나온 귤도 귤마다 맛이 다 다르다. 귤을 한 알 한 알 까먹으면서 그 귤이 살았던 환경으로 순간이동 해본다. 귤이 달려있던 나무가 있고, 한 농장이기는 하지만 제각기 나무가 위치한 곳은 조금씩 다르겠지. 그러면 어떤 나무에는 해가 조금 더 잘 들기도 할 것이고, 어떤 나무는 물과 가까워 물이 더 풍부하기도 할 테지. 한 그루의 나무에서도 동서남북 방향에 따라 해가 잘 드는 쪽, 그늘이 드리워진 쪽이 있을 것이고. 아마 어떤 나무는 키가 더 크기도 하고, 더 작기도 하고, 주변에 나는 잡초나 식물들도 조금씩 다를 테니까 귤 하나에도 얼마나 많은 변수가 존재할까. 농부가 특별히 다르게 키우지 않았을 텐데 한 농장에서 나오는 귤도 이렇게 다 다른 것을 보면, 하물며 사람은 얼마나 다를까 싶다.

 귤을 먹다 이런 이야기를 하면 가족들의 반응도 제각각이다. 엄마는 "그럼~ 사람도 다 다르지."하고 내 말을 긍정하고, 언니는 "귤이나 사람이나 다 다른 게 당연하지. 그걸 이제야 알았어?"라며 당연한 이야기를 참 신기하게도 한다는 듯이 말한다. 나와 두 살 차이 나는 동생은 "응, 그래"하고 대충 대답하고, 막내동생은 "헐! 정말 그러네!"라며 이런 걸 발견한 언니가 참 멋지고 대단하다는 듯한 사랑스러운 눈빛을 보낸다. 한집에 사는 사람들도 이렇게나 다르다. 하긴, 한날한시에 잉태되어 한날한시에 세상으로 나온 쌍둥이도 완전히 꼭 같지는 않은데, 세상 모든 존재가 다 다른 게 너무 당연하다. 그러나 이렇게 당연한 사실을 매번 망각한다. 그래서 서로의 다름을 이해하고 인정하기보다는, 나는 맞고 너는 틀렸다고 하면서 싸우는 걸지도 모르겠다. 가장 단순한 진리가 가장 살아내기 어려운 법이다.

 한 해 한 해 나이를 먹어가며 얼굴을 마주 보고 이야기를 나누는 친구가 몇 남지 않았다. 서로 다른 대학에 가고, 취직을 하고, 결혼을 하고, 아이를 낳으면서 점점 얼굴 보기도 힘들어졌고, 안부 인사를 묻는 것조차 소원해졌다. 어쩌다 보니 자주 보는 친구들은 대부분 미혼이고, 농사에 관심이 있거나, 채식을 지향한다. 그 안에서도 다 다르지만, 카테고리로 분류하자면 '비슷하게 이상한 사람들'이지 않을까 생각이 든다.

나와 다른 생각을 하고 가치관을 가진 사람을 점점 만나기 힘들어지는 것 같다. 겉으로 보기에는 안 그래 보여도 제법 낯을 가리는 편이라 새로운 모임에는 잘 가지 않고, 새로운 사람을 만날 때는 마음의 준비가 단단히 필요하다. 2~3년 사이 새로 사귄 친구는 전무하다. 새로운 사람을 만나고 맞춰가는 걸 오랫동안 하지 않다 보니 다른 사람이 처한 상황을 헤아리고 이해하기보다는 내 감정과 상황만을 보게 되는 경우가 종종 있다.

얼마 전 친구들과의 모임에서 '결혼한 친구들', '아이가 있는 가족들'에 대한 이야기가 화두로 올랐다. 결혼을 한 친구들은 모임에 나오기가 쉽지 않고, 아이라도 생기면 얼굴 보기는 더 어려워진다며 나이가 들면서 친구들이 하나둘 사라지게 된다는 이야기였다. 결혼이나 아이를 낳는 문제만은 아니다. 다른 지역으로 이사를 하거나 직장이 바뀌거나 하면 그러려고 하지 않아도 그에 따라 자연스럽게 만남이 줄어들게 된다. 드물지만 늘어나게 되기도 하고. 상황에 따른 변화뿐만 아니라 관심사나 가치관의 변화에 따라서도 변한다. 그러다 보니 의도하지 않아도 물 흐르듯 사람들이 오기도 하고, 가기도 하고 몇 년 단위로 주변을 이루고 있는 사람들이 바뀌어 간다. 이런 걸 시절 인연이라고 하는 건가 싶다.

 전 남편과 나의 결혼생활의 끝마침도 시절 인연에 따른 자연스러운 흐름이었다는 생각이 든다. 2년의 연애와 5년의 결혼생활 동안 그도, 나도 조금씩 변해 갔다. 그와 나 사이에 7년이라는 시간이 흘렀으니 측정할 수는 없어도 얼마나 많은 부분이 달라졌을까. 결혼 생활의 막바지에 다다라서 나는 자주 그에게 "나는 인형이 아니야. 변해 가는 사람이야."라고 말했다. 그는 내가 처음 만났을 때와 같기를 바랐고, 나는 그 사이 많이 달라져 있었다. 아마 그는 몰랐지만, 그도 처음 만났을 때와는 달라졌을 것이다. 사람이 변화하는 것은 자연스러운 흐름이니까. 다만 변화하는 두 사람 사이에는 관계도 그에 맞춰서 계속 변화해 간다는 것을 그도 나도 그 당시에는 알지 못했다. 그렇기에 시절 인연으로 머무르지 않고 계속해서 함께 하고 싶고, 이어 나가고 싶은 관계라면 상대방의 변화에 귀를 기울이고, 나의 변화를 알아차리고 이야기하며 맞추어가는 과정이 필요하다는 것도. 결혼생활뿐만 아니라 모든 관계가 그렇다.

 결혼한 친구를 더 이상 만나지 않는다거나, 아이를 낳은 친구와의 만남을 꺼리게 된다면 다시 한번 생각해 볼 일이다. 내가 정말 그들과 계속 관계 맺기를 원했는지. 만남의 횟수가 점점 적어지다가 멀어지게 된 것이 단순히 그들이 '결혼을 한 것' 혹은 '아이가 생긴 것' 때문은 아닐지도 모른다. 결혼을 하고, 아이가 생긴 친구의 삶의 변화까지 받아들였다면 관계는 계속 지속되지 않았을까? 결혼을 하거나 아이를 낳는 것조차 친구의 선택이고, 변화였을 테니까. 내가 이사를 가고, 직장을 그만두고, 진로를 바꾸고, 반려동물과 함께 살기로 결정하거나 새로운 시도를 한 것처럼.

한 시절 함께 걸을 수 있는 것만으로도 충분하다. 같이 걷다, 속도가 달라 앞서거니 뒤서거니 할 수도 있고, 때가 되면 멀리 떨어져 걸을 수도 있고, 그러다 영영 다른 방향으로 걷거나 다시 만나 함께 걸을 수도 있다. 모두가 시절 인연이니까. 아름다움이 서로를 비추며 더욱 선명하게 가 닿을 때, 그때가 바로 시절 인연이라는 생각이 든다. 그리고, 시절 인연에 머무르지 않고 더 지속되는 관계를 원한다면 그만큼의 노력이 필요하다. 두 사람의.

살아 있어요

 지난 주말, 풀코스 마라톤을 준비하며 생애 처음으로 하프마라톤 21.1km을 완주했다. 15km를 달릴 때까지만 해도 '이런 느낌이라면 하프는 별로 힘들이지 않고 완주할 수 있겠는걸?' 하고 생각했기에 집 밖을 나서는데 아무런 거리낌이 없었다. 그러나 이게 웬걸. 이러저러한 이유로 3일 동안 달리기를 쉰 데다가, 약한 눈발까지 날리는 흐린 날씨에 5km를 달릴 때까지도 좀처럼 몸이 풀리지 않았다. '21.1km를 완주할 수 있으려나?', '다음 지점에서 멈출까?' 하는 생각이 들었지만, 생각과는 달리 두 다리는 계속 달리기를 이어가고 있었다. 13km를 넘어서면서부터는 '그만 달리고 싶다', '그냥 좀 걷다가 달릴까?'에 이어 '나는 대체 이걸 왜 하고 있는 걸까' 하는 생각을 하며 8km를 달렸다. 그렇게 거의 한 시간 동안 나는 매분 매초 스스로를 의심했다.

 계속해서 나를 의심하고, 믿지 못하면서도 기어코 해냈다는 것이 신기할 따름이다. 스스로를 믿어야만, 자신감이 있어야만, 의심하지 않아야만 가능한 일인 줄 알았다. 이걸 왜 하는지에 대해 스스로 납득할 만한 이유도 모르고서, 몸과 마음이 서로 다른 것을 원하면서 완주하는 게 가능할 리 없다고 생각했다. 나는 나를 그런 사람이라고 생각하지 않았다. 그런 상황을 견뎌낼 수 있는 힘이 내 안에 있을 리가 없다고.

달리기가 끝나고 나이키 런 클럽에서 "정복했습니다. 다음 목표는 무엇인가요?" 하는 메시지가 날아온다. 그러나 나는 달리는 동안 그 어떤 것도 정복하지 않는다. 한계에 도전하는 것도 아니고, 정복하는 것도 아니다. 그저 나도 모르는 나를 발견한다. 없던 것이 생기는 것도 아니고 내가 아닌 내가 되는 것도 아니고, 내 안에 존재하는지 몰랐던 나를 알아가며 나로 살아가는 법을 배워갈 뿐이다.

달리기 할 때, 누가 내 옆을 얼마나 빠르게 지나가든 상관하지 않는다. 앞 사람을 추월하려고 속도를 내다 보면, 어느새 내 페이스를 잃게 되고 힘들어지기 때문이다. 잠시 잠깐 추월할 수는 있겠지만 페이스를 잃고 무리하게 속도를 내면 결국 달리다가 멈춰 서게 된다. 멀리 가기 위해서 중요한 것은 나의 속도로 달려 나가는 것이다. 사는 것도 그렇다는 생각이 든다. 남이 무엇을 이루건, 어떻게 살건 별로 중요하지 않다. 나의 속도로, 나의 감각으로 살아 나가는 것이 가장 즐겁게 살아가는 방법이다. 달리다 보면 삶에 두고두고 새기고 싶은 가치들을 자연스럽게 몸에 익히게 된다.

지난주, 처음 18km를 달렸을 때는 발목도 아프고, 무릎도 아프고, 종아리도 아프고, 안 아픈 곳이 없었다. 다리가 내 것 같지 않았고, 후유증이 며칠 동안 갔다. 이번에는 조금 다르다. 달리고 난 직후에는 아무것도 못 할 것 같았는데, 밥을 먹고, 씻고, 조금 널브러져 있다 보니 조금씩 몸에 생기가 돌았다. 다음 날에도 근육통이 있기는 했지만, 지난번처럼 심하지는 않았고 연인과 '18km 때보다 몸이 한결 나은데요?'하고 문자를 주고 받았다. 하프를 완주한 뒤, 이걸 또 하는 사람들이 이해가 가질 않았다. '21.1km를 달려본 사람들이 이렇게나 힘들고 괴로운 걸 알면서도 어떻게 풀코스를 달릴 생각을 할 수 있을까?'하고 생각했는데, 알 것도 같다. 한 번의 장거리 달리기가 매일 5~7km 꾸준히 달리는 것보다 힘들고, 몸이 다시 회복하는데도 시간이 걸리지만, 거기에도 사람은 조금씩 적응해 간다는 것. 이번에는 힘겹게 21.1km를 완주해냈지만 다음번에는 조금 더 수월해질 거라는 것. 그리고 한 번, 두 번 계속해서 이어 나가다 보면 점점 스스로를 향한 의심이 잦아들며, '내가 이걸 해낼 수 있다'는 것을 알게 되겠지. 내가 처음 3km를 달리다가 5km를 달리고, 7km를 달리고, 조금 멀리, 더 멀리 달려 나가게 된 것처럼.

 스스로를 의심하면서도 끝까지 달렸기에 알게 된 사실이다. 그러나 끝까지 해내지 않았다 하더라도 괜찮다. 그러니, 포기해야 할 때는 과감하게 포기하는 일도 필요하다. 작년에 여러모로 요리 관련된 업무 제안이 많이 들어왔다. '준비된 자에게 기회가 온다'는 말을 떠올리며, 내가 충분히 준비되었나 스스로 검열하기도 하고, 기회를 놓치지 않기 위해 안 그래도 살인적인 스케줄을 이렇게 저렇게 조립해가며 일을 진행하기도 했다. 그러다 방전되어 아무것도 하고 싶지 않아졌고, 많은 제안을 거절했다. 원하지도 않는데 '기회를 안 잡으면 어떤가?' 하는 생각이 들었기 때문이다. 기회를 잡지 않으면, 준비되어 있지 않으면 큰일이 날 것만 같았다. 그러나, 아무런 일도 일어나지 않았다.

 완벽한 준비란 없으며, 기회라고 불리는 것이 실제로 기회가 될지, 그렇지 않을지는 해봐야만 안다. 기회를 잡지 않는다고 해서 실패하거나 망하는 일은 없다. 준비된 자에게 기회가 온다는 말은 다분히 자본주의적인 말이다. 자본주의의 말은 개인의 불안을 자극한다. 언제 올지 모르는 기회를 잡기 위해 미리미리 준비하도록 만들어 잠시 잠깐의 쉴 틈도 주지 않는다. 더 이상 빵빵해질 수도 없는 스펙을 가졌음에도 불구하고, 공백을 허용하지 않고 젊은이들을 이리저리 학원으로 굴린다. 자기 자신을 알아갈 시간 대신, 어떤 기회가 다가올지 모르기 때문에 좋든 싫든 무엇이든 배워두도록 채찍질한다. 그렇게 말하는 어른인 당신은 커서 누가 되었는가? 정말 살아 있는가?

 장거리를 달리고 회복되는 몸을 겪으면서 나는 내가 살아 있다고 느꼈다. 이미 내 몸을 집 삼아 살아가고 있지만, 전에는 몸을 옷처럼 걸치고 살아갔다면 이제야 겨우 내 몸과 하나가 되어 가고 있음을 느낀다. 몸의 구석구석 통증을 느끼며, '이곳에도 근육이 붙어있었구나!'하고 비로소 감각한다. 그리고 궁금해진다. 조금 더 달리면 어떻게 될까. 달리면서 나는 어떤 생각을 하고, 어떤 걸 느끼고, 달리고 난 후에 내 몸은 어떻게 변해 있을까.

 나의 70대를 상상해 본다. 70대에는 손주가 있는 할머니가 되어 있으려나여기에는 아주 많은 변수가 있다. 먼저 내가 할머니가 되려면 애를 낳거나 입양을 해야 하고, 내가 낳은 아이의 성별이 무얼지 모르며, 그 아이는 트렌스 젠더가 되고 싶을 수도 있고, 여아라고 해도 애를 낳지 않을 수도 있고 말이다. 그때도 달리고 있으려나. 알 수 없는 일이다. 할머니 러너가 될지도, 되고 싶은지도. 할머니가 되기도 전에 달리기를 그만둘 수도 있고, 달릴 수 없는 몸이 될 수도 있고, 달리기가 싫어질지도 모른다. 심지어는 할머니가 되기 전에 죽을 수도 있다. 매일 변해 가는 내가 할머니가 되었을 때 원하는 게 무엇일지는 알 수 없는 노릇이다. 그저 오늘도 즐겁고 안전하게 달릴 뿐이다. 매일의 달리기를 즐기다 보면 하루하루가 쌓여서 한 달이 되고, 일 년이 되고, 10년, 20년이 되어서 70대 할머니가 되어서도 계속 달리고 있을지도 모른다. 할머니 러너가 되려고 달리는 것이 아니라 매일 달리기를 즐기면서 살아갈 때, 그렇게 살다 보면 할머니 러너가 될 수도 있는 것이 아닐까.

 달리다 보니 서리가 녹아 땅이 촉촉해져 있다. 땅속의 생명들은 이렇게 조금씩 수분을 섭취해 가며 겨울을 나겠구나. 아무것도 일어나지 않는 것처럼 보이는 겨울의 땅에서도 생명들은 조금씩 자라고, 에너지를 품으며, 다음 계절을 준비한다. 죽은 것처럼 보이던 양파와 배추는 더욱 달아지고, 마늘은 단단해진다. 냉이는 한껏 진한 향을 품는다. 겨울을 지나야만 만날 수 있는 것도 있다. 그렇듯 아무것도 하지 않는 것처럼 보이는 시간이, 내 삶에도 겨울이, 필요하다.

 혹독한 겨울에도 따스함이 있고, 그 잠깐의 시간에 조금씩 자라며 나무가 나이테를 새겨가듯이.

달달한 겨울 무로 만드는 무 크림 수프

재료
무 중간부분 10cm, 양파 1개, 소금 1.5작은술, 콩가루 2큰술, 물 2컵

조리 과정
① 무는 0.3cm 두께로 채 썬다.

② 양파는 1cm 두께로 채 썬다.

③ 냄비에 기름을 적당히 두른 뒤 양파를 먼저 볶는다.

④ 양파의 매운 냄새가 날아가면, 무와 소금 0.5작은술을 넣고 골고루 잘 섞은 뒤 뚜껑을 닫는다. 이때 불은 아주 작은 약불로 한다.

⑤ 무가 반쯤 익으면 내용물이 잠길 정도로 물을 붓고 강불로 올린다. 이때 물을 너무 넉넉하게 넣지 않도록 주의한다. 스프의 농도가 되직하면 물을 더 넣으면 되는데, 처음부터 너무 묽으면 수습이 어렵다.

⑥ 콩가루를 콩가루 양의 2배되는 물에 개어 준다.

⑦ 무가 모두 익으면 불을 아주 작은 약불로 낮추고 풀어둔 콩가루와 소금 1작은술을 넣고 끓인다.

⑧ 날콩 냄새가 모두 날아갔으면 블렌더로 곱게 간다. 간을 보고, 농도와 간을 개인의 기호에 따라 맞춘다.

2월

집 아닌 집

2층에서 3층으로 올라가는 계단참에 바퀴벌레인지, 곱등이인지 자세히 보지 않았지만, 곤충인 것만은 분명한 친구가 붙어 있었다. 어제는 벽에 붙어 있었고, 오늘은 배를 까뒤집은 채 바닥에 누워 있다. 그 친구가 살아 있는 동안 적어도 네 번은 보았지만 좀처럼 적응이 되지 않았고, 내가 무사히 계단을 내려갈 때까지 최대한 움직이지 않기를 바라며 멀리, 그리고 빠르게 걸었다. 생명을 잃었음에도 벌레라는 정체성이 무서워 움직이지도 않고, 나를 해칠 일도 없는 존재를 계단을 내려가는 내내 예의주시했다. 그런 존재들을 본 적이 또 있다.

이사 오기 전, 집을 보러 왔을 때였다. 주인도 없는 집 한가운데 벌러덩 누워 있을 법도 한데, 죽어 있는 곤충들은 하나같이 구석에 몰려있었다. 출구를 찾기 위해 구석으로 구석으로 갔을까. 이름 모를 곤충들과 흔하게 볼 수 있는 바퀴벌레들이 크기별로 배를 까뒤집고 구석에 가만히 있었다. 번지수를 잘못 찾아 들어왔다 빼도 박도 못하고 갇힌 것처럼 보였다. 무엇이 있는지도 무엇이 없는지도 모르고, 나갈 수 있을지도 없을지도 모르는 채 들어 왔겠지. 발길 닿는 대로 들어왔다가 먹을 것 없는 이곳에서, 모서리로 모서리로 출구를 찾다가 서서히 배가 곯아 죽어 갔을까? 제 갈 길 찾지 못한 존재들은 층층의 계단에도 널려있 었다. 범죄를 목격하고도 방조하고 있는 사람처럼 이사를 온 후에도 그들을 마주할 때마다 보고도 못 본 척하며 계단을 오르내 렸다.

 어쩐지 모든 존재의 집에 인간만이 방해가 되는 집을 짓고 의도 없는 살인을 저지른 것 같았다. 콘크리트로 된 벽과 투명한 창을 만들 때는 상상도 못 했겠지. 그 벽에 갇혀 굶어 죽고, 창이 길인 줄 알고 부딪혀 어떤 존재들은 목숨을 잃을 거라는 것을. 벽과 창을 만든 것으로 모자라 이제는 자꾸만 자꾸만 높고 높은 아파트를 짓는다. 나는 온 평생 입고 먹는 데 돈을 아껴도 살 수 없는 집을 계속해서 짓는다. 어쩌면 내가 살live 수도 있고, 살buy 수도 있을 멀쩡한 집을 허물고, 살지도 못하고 사지도 못할 아파트를 자꾸만 지어댄다. 여기도 저기도 그렇게 허물고 그렇게나 짓는데, 주변 사람들은 만날 때마다 도시에는 살 곳이 없다고 말한다. 집을 가진 사람들은 계속 살지도 않을 집을 갖고, 돈이 없는 사람들은 자꾸만 빚을 내도 집을 살 수가 없다. 어디 사람뿐이겠는가.

 얼마 전 다녀온 여행에서 가이드는 말했다. 이 지역은 개척된 지 154년밖에 되지 않아 자연환경이 잘 보존되어 있어, 버스를 타고 지나가며 사슴과 여우를 흔하게 볼 수 있다고. 뿐만 아니라 이 섬에는 곰도 500마리 이상 살고 있다고 했다. 믿기 어려우면 유튜브에 '홋카이도, 곰'이라는 검색어를 쳐보라고 했다. 그러면서 곰이 종종 도시에 나타난다고 했다. 몇 년 전에도 곰이 도시로 내려온 적이 있다고 했다. 곰에게 사람들이 먹는 음식은 마약이나 다름이 없는데, 호기심도 많고, 기억력도 좋은 곰은 한번 도시의 맛을 보면 그 맛에 중독되어 반드시 다시 도시로 내려온단다. 그래서 다시 내려오지 않게 하기 위해서, 사람을 해치지 않아도 총으로 쏴 죽인다고 했다. 가이드는 그 말을 '어쩔 수 없다'는 말과 함께 아무렇지 않게 했다. 마치 곰을 쏴 죽이는 게 곰에게도 좋은 일이라는 듯이.

 이 이야기를 듣는데, 며칠 전 엄마와 나눈 이야기가 오버랩되었다. 내가 주로 달리는 홍제천에는 비둘기가 많다. 얼마 전에는 달리면서 이 전에는 보지 못하던 것을 보았다. 다리 아래의 비둘기들이 주로 앉아있는 공간에 뾰족뾰족한 가시가 마구 돋친 은색 보철물이 설치되어 있는 것이다. 2년 동안 달리면서 처음 보는 것이었다. 달리느라 정신이 팔려서 보지 못한 것일 수도 있겠지만, 보철물에서 반짝반짝 빛이 나는 걸 보니 설치한 지 얼마 되지 않는 것 같았다. 비둘기들을 앉지 못하게 가시 돋친 보철물을 빼곡하게 설치한 것을 보고 나는 사람들의 촘촘하고도 꼼꼼한 혐오에 소름이 돋았다. 달리기를 마치고 집으로 돌아와 저녁을 먹으며 가족들에게 낮에 달리며 본 풍경을 이야기했다. "아니, 홍제천 다리 밑에 비둘기들이 앉지 못하게 뾰족한 가시들을 잔뜩 설치해놨더라고. 정말 너무 하지 않아?"라고 했더니, 엄마는 당연하다는 듯이 "비둘기들이 하도 많아서 문제인가 보더라고. 그래서 개체수 조절하기 위해서 그렇게 설치를 해놓는 것 같더라." 태연하게 말하는 엄마를 보며 나는 더 이상 말을 이어가지 못했지만, 무언가 단단히 잘못된 것 같다고 생각했다.

 개체수 조절. 그것은 인간이 할 수 있는 것인가? 누가 언제부터 인간에게 부여한 권리일까. 비둘기 똥이 거리와 차를 더럽히고, 건물을 부식시켜 문제가 되니 비둘기를 없애야겠다 혹은 없앨 수 있다는 오만은 어디서부터 시작된 것일까. 한 개체의 종을 인간 마음대로 하다니, 어쩐지 건드리면 안 되는 판도라의 상자를 연 것만 같다. '너는 여기 지정된 이곳 안에서만 살고, 이만큼의 양만을 유지하며 인간이 정해놓은 개체수로 살아가야 하고, 그렇지 않으면 약을 치고, 덫을 놓고, 총살을 당할 것이야.' 그것이 유대인 대학살과 무엇이 다를까.

 책장 위로 하루살이가 날아다닌다. 하루를 살기 위해 태어난 이의 온 생을 간단하고도 쉽게, 생각도 죄책감도 없이 눌러 없애며 생각한다. 이 공간은, 이 집은, 이 지구는 인간만의 것이 아니라고.

경험하지 못한 고통과 슬픔

 바닷가를 떠나 육지를 향하는 달팽이를 보았다. 한 마리를 보니, 다른 한 마리가 보였고, 또 다른 한 마리, 두 마리…. 밟지 않기 위해, 풍경을 감상하는 것도 잊으며 조심조심 걷고 또 걸었다.

 마당이 있는 집에 살 적에 지렁이를 밟은 적이 있었다. 계속되는 장마로 그날 아침도 비가 세차게 내리던 날이었다. 비가 온 것을 반가워하며 바깥으로 나온 지렁이들이 계단마다 빼곡하게 자리 잡고 있었다. 최대한 밟지 않기 위해 발꿈치를 들고 주의를 기울이며 걸어 내려왔다. 마침내 대문을 열고 안도의 한숨을 내쉬며 발을 내딛는 순간 지렁이를 밟았다. 그때 발끝으로 느껴진 감각은 제법 시간이 지난 지금도 생생하다. 들리지는 않았지만, 촉감이 소리라면 생에서 죽음으로 가는 비명이었을 것이다.

 성인이 되어, 이번에는 의도적으로 행했던 행위에서 그 비명을 들은 적이 있다. 시어머니와 함께 살던 시절, 요리 솜씨가 좋은 시어머니는 해마다 꽃게 철이 되면 게장을 김장처럼 담그셨다. 친정엄마가 나를 위한 특식은 매번 꽃게탕을 해 줄 정도로 꽃게 요리를 좋아했기 때문에 시집간 첫해에 자진해서 소매를 걷어붙이고 게장을 담그는 걸 거들었다. 시어머니는 가장 맛있는 게장은 살아 있는 꽃게로 담근 게장이라고 하셨다. 게가 죽으면 살이 서서히 빠져나가기 때문에 살이 꽉 찬 게장을 만들려면 꼭 게가 살아 있어야 한다는 특급 비밀을 알려주셨다. 살아 있는 것을 만지는 일이라면 하루살이를 잡는 일도 경기를 일으킬 정도로 싫어하는 나였지만, 예쁨을 받고 싶었던 나는 짐짓 태연한 척을 했다. 할 수 있겠냐는 시어머니의 질문에 '저는 뭐든 할 수 있는 며느리랍니다.' 하는 표정으로 '저도 할 수 있어요! 까짓것 그냥 하면 되죠, 뭐'라고 너스레를 떨며 칫솔을 들고 꽃게를 박박 닦았다. 거기까지는 생각보다 할 만했다. 그다음이 문제였다. 살아있는 꽃게에서 등딱지를 분리해 내고 반으로 갈라내야 했다. 등딱지를 분리해 내는 순간, 꽃게의 몸부림을 잊지 못한다. 그것은 내가 굳이 그들이 되어 경험해 보지 않더라도 느낄 수 있는, 명명백백한 고통의 몸부림이었다. 앞으로 게장을 안 먹어도 되겠다는 생각이 들 정도로 끔찍했지만 그러고도 한동안은 게장을 먹었다.

경험하지 않은 슬픔을 이야기한 적이 있다. 경험한 것에 대해서만 진정으로 공감할 수 있는 것이 아닐까 하고 대화는 시작되었다. 정말 우리는 경험하지 않으면 서로의 슬픔이나 고통에 가닿을 수 없을까? 공감할 수도, 이해할 수도 없을까? 그렇다면 그건 사회가 정신적으로 마비되어 버린 것 아닐까? 하는 질문에 질문을 낳는 질문으로 대화는 마무리되었다.

마취도 없이 팔다리를 떼이고, 어미 소가 되어 고름이 날 정도로 젖이 짜이고 목전에서 아이를 빼앗긴 적이 없더라도, 그 고통과 슬픔을 목격한다면 감히 그것이 슬픔과 고통이 아니라고 말할 수는 없을 것이다. 공감이나 이해는 할 수 없더라도, '알' 수는 있을 것이다. 만약 모두가 그런 경험을 통해서만 슬픔과 고통을 배울 수 있다면 촛불을 드는 일도, 리본을 다는 일도, 묵념을 하는 일도 없지 않았을까.

맛있는 사람이 되기 위한 일모작

 텀블벅 펀딩이 올라간 다음 날, 여행을 떠났다. 일부러 시기를 그렇게 맞춘 것은 아니었는데, 시기가 딱 맞아떨어졌다. 마침 내게 '쉼'이 필요했다.

 한 달 전 자발적 백수가 된 이후로, 조금은 무기력한 시간을 보내고 있었다. 막상 가야 할 곳도, 해야 할 것도 없자 김빠진 탄산음료처럼 밍숭맹숭해졌다고 해야 하나. 에너지를 대방출하고 모든 게 소진된 것이 아님에도 불구하고, 어쩐지 몸과 마음이 자꾸만 깊고 어두운 곳으로 빠져들었다. 쉬고는 있는데 쉬지 못하는 찝찝한 기분으로 자주 소파에 늘어져 있었다. 계속 그러고 있기에는 하루하루가 아까워뭐가 아깝냐, 이것도 마음의 병이다. 새해가 되면서 루틴을 만들어 지내기 시작했다. 그러는 동안 조금 괜찮아지는 듯했으나, 설 연휴가 한바탕 휩쓸고 가면서 대충 쌓아 올린 모래성이 파도에 무너지는 것처럼 컨디션이 바닥을 쳤고, 텀블벅 펀딩이 올라가기 전날 스트레스는 최고조에 달했다. 마치 성적표를 받기 전날 같았다. 일 년 동안 해온 나의 노력을 평가받을 생각을 하니 도망가고 싶어졌다.

그런 상태에서 눈이 사람 키만큼 내리는 곳으로 떠났다. 차를 타고 한 시간이고, 두 시간이고 이동해도 좀처럼 지루하지도, 시간이 아깝다는 생각도 들지 않았다. 아무것도 하지 않고, 그저 물끄러미 눈 덮인 풍경을 바라만 봐도 참 좋았다. 떠올려보니 자연에 이렇게 호젓하게 머무른 게 언제였더라. 기억이 나질 않는다. 얼마 전, 설 연휴에 강릉까지 갔는데 바다도 보지 않고 돌아왔다. 그 사실을 서울에 도착해서야 깨닫고는 충격을 받았다. 가족들을 만나러 간 거였지만, 바다도 보고 오려고 일부러 일정을 넉넉히 잡았던 것인데 뭐가 그리 바빴을까. 걸어서 5분 거리에 바다가 있다는 사실을 홀딱 잊었다. 요즘의 생활과 내 마음 상태가 고스란히 느껴졌다. '아 나 잘 지내지 못하고 있구나' 잘 지낸다는 건 뭘까?

창밖을 바라보며 이동을 하고, 풍경 안에 머무는 동안 숨을 양껏 들이마시고, 내뱉었다. 평소에 뭐가 그리 바빴는지, 날숨과 들숨을 가쁘게 내쉬고 뱉으며 살아가는데 필요한 최소한의 숨만을 쉬어온 것 같다. 그러다 자연의 품에 안기니, 코와 폐 사이가 뻥 뚫린 것처럼 시원해진다. 아무리 바빠도 한 번씩 산책하고, 멍을 때리며 초록과 파랑을 바라보는 시간이, 그 안에 머무는 시간이 필요하다. 숙소로 돌아와 일기를 쓰며 '무엇이 좋았을까'를 생각해보니 그냥 이곳에 머물러 있다는 것 자체가 좋았던 것 같다. 내가 이 풍경의 일부라는 사실이. 그리고 나도 지구 생명체라는 사실이 들이쉬고 내쉬는 한 호흡 한 호흡에 가슴 깊숙이 스며들었다.

어쩌면 열심히 살아오는 동안 쉬는 것도 삶의 일부라는 사실을 잊어버린 걸지도 모르겠다. 그래서 어떻게 쉬어야 할지 몰라 쉬는 것도 아니고, 쉬지 않는 것도 아닌 상태로 어딘가 개운치 않았던 것 같다. 돌아보면 주변의 많은 이들이 그랬다. 쉬면서 아무것도 하지 않는 시간을 좀처럼 견디지 못했다. 그래서 숨 쉴 틈 없이 하루를 살고, 일주일을 살고, 일 년을 사는 걸지도 모르겠다. 계속 뭔가를 더 해야 한다고 생각하면서. 그러나 모두가 그렇게 산다고 해서, 그렇게 사는 게 괜찮은 건 아닐 것이다.

 이 도시는 채소가 맛있기로 유명하다. 가이드님은 여기저기를 돌아다녀 봤지만, 이곳만큼 채소가 맛있는 곳은 없었다며, 채소가 듬뿍 올라간 스프 커리를 꼭 먹어보라고 했다. 겨울이 긴 이곳의 채소가 맛있는 건, 아마도 땅이 충분히 쉴 수 있기 때문이라는 생각이 든다. 겨울이 길기 때문에 이모작을 하지 않고, 일모작을 한다. 그렇기 때문에 채소가 밭에 심겨 있는 기간만큼, 혹은 더 긴 시간 밭이 비어있게 된다. 밭이 비어있는 동안 땅은 힘을 회복한다. 애초에 에너지를 모두 소진하지 않았기 때문에 지력이 충분히 남아 있기도 하다. 그렇게 남겨진 땅의 힘은 고스란히 채소의 맛이 된다. 그러니, 지구 생명체인 나에게도 충분한 쉼이 필요했던 것이리라.

 잘 지낸다는 것은 '괜찮다'는 말로 스스로를 속이지 않는 것이 아닐까. 자신의 감정을 속이지 않고, 마비시키지도 않고. 그렇다면 나는 잘 지내고 있다는 생각이 든다. 괜찮지 않을 때 멈추

없고, 적어도 나의 감정을 모르는 체하지는 않으니 말이다. 하루하루 일희일비하며 살아가는 시간이 모여 일 년이 되었고, 그 시간들 중의 일부가 책이 된다. 결과야 어떻든 괜찮다는 생각이 든다. 그 결과가 성적표는 아니니까. 내가 일 년 동안 해온 노력과 살아온 시간은 아무도 평가내릴 수 없다. 그 시간은 오롯이 나만이 알고 있다.

노천탕의 아줌마들

 기나긴 대욕장을 지나 노천탕이 있는 곳의 문을 열어젖히니 영하 20도의 바람이 훅-하고 끼쳐온다. 오도도 소름이 돋기도 전에 손과 발이 먼저 반응한다. 두 손으로 가슴을 감싸고, 김이 모락모락 나는 노천탕을 향해 달리려는 찰나, 두 발이 미끄러지며 몸이 좌우로 기우뚱한다. 오른쪽에 위치한 세 개의 노천탕에 자리 잡은 얼댓 명의 아주머니에게서 일제히, 다급하게 "조심하라"는 말이 쏟아진다. 혹시라도 내가 넘어질까 "아이고, 아가 조심해.", "이리 들어와 얼른 들어와", "바닥 미끄러워! 달리지 말고!" 등등 제각기 다르지만 비슷한 어투와 비슷한 내용이 담긴 마음이 쏟아진다. 나는 발가벗은 몸으로, 발가벗은 아주머니들의 비호를 온몸으로 받으며 넘어지지 않고 무사히 노천탕에 입수하는 데 성공했다. 성격 급한 내가 먼저 가다 미끄러지는 걸 본 두 동생은 조심조심 걸어서 탕으로 입수하며 깔깔 웃는다. 멋쩍어진 나와 눈이 마주친 한 아주머니가 "저기 저분들이 이 구역의 안전요원이야"라고 한다. 하마터면 여기가 한국인 줄 알 뻔했다. 노천탕에 넘실대는 물처럼 이 탕이고, 저 탕이고 한국말이 넘실댄다. 이후에도 아주머니들은 누가 들어올 때마다 일본인이든, 중국인이든 개의치 않고, 국적과 관계없이 "조심하라"고 일러주었다. 다행히 조심하라는 말은 만국 공통어인지, 아주머니들이 탕에 계시는 한 아무도 넘어지지 않았다. 아주머니들이 모두 나가자마자 들어온 한 여성은, 우리가 어떤 말로 조심하라고 일러줄까 고민하는 사이에 두 번이나 미끄러져 넘어졌다.

드르륵 문이 열릴 때, 일제히 문 쪽을 바라보며 안전요원을 자처하던 아주머니들은 새로 들어온 이가 안전하게 입수하는 것을 확인하고는 아무 일 없었다는 듯이 본인들의 여행을 이어 나갔다. 어느 여행지에서나 그렇듯, 아주머니들의 깔깔대는 웃음소리와 이야기 소리는 데시벨이 참 높고, 지치지 않는다. 불과 몇 년 전만 해도 그들의 소리가 나와 전혀 관계없는 소리 같았다. 그 소리는 자주 듣기 싫은 소리가 되어, 조용히 있고 싶은 나를 방해하는 소음이 되고는 했다.

이날은 그렇지 않았다. 그들도 고등학생들과 다르지 않아 보였다. 낙엽 굴러가는 것만 봐도 즐겁다는 학생들처럼 별것 아닌 일에도 웃는 그들이 귀엽게만 보였다. 귀엽기도 하지만, 왠지 포근하기도 하고, 든든하기도 했다. 하늘에서 내려준 푸근한 수호천사 같았달까. 그러고 보면 학생이든 아니든, 누구든 셋 이상 모이면 깔깔대고 웃으며 수다꽃이 피기 마련인데 왜 학생들에게는 '좋을 때다' 하면서 고운 눈길을 보내고, 아주머니들에게는 '경우가 없다'거나 '경박스럽다'면서 째진 눈길을 보내는 걸까.

그들을 흘겨볼 때의 나는 그들이 일궈 놓은 것은 보지 못했던 것 같다. 그들이 하지 않은 것만 봤다. 어릴 적 나는 나중에 크면 멋진 옷을 쫙 빼입고, 9시 출근 6시 퇴근을 하며 집안일과는 전혀 상관없는 커리어 우먼으로 살아가리라 다짐했다. 내가 걸어가야 할 그 길에는 옆집 아줌마도, 집 앞 슈퍼마켓의 아줌마도, 한집에 살고 있는 우리 엄마도 없었다. 내 곁에 있는 '아줌마'라고 불리는 사람들은 아무도 포함되어 있지 않았고, 아주 소수의 사람만이 내가 걸어가야 할 여성의 삶을 사는 사람들로 여겨졌다. 어쩌면 그들만이 '진정한 삶'을 살아왔다고 생각했던 것 같다. '저렇게 경박스럽게 웃지도 않고, 시끄럽게 떠들지도 않는 고상한 아줌마가 돼야지' 하고 자주 다짐했다. 그들이 가진 것 중 그 어떤 것도 닮고 싶지 않았다. 그러나 결혼을 하고, 집 밖에 나와 살고, 일을 하면서 집안일까지 해야 하는 생활을 하면서 내가 부정했던 삶들이, 대다수의 생의 밑바탕이 된다는 것을 인정하지 않을 수 없었다. 남의 먹고 싸고 자고를 당연하게 자신의 몫처럼 도맡으면서, 잠을 줄여가며 임금노동까지 해 가세를 일으키고, 자기와 하나도 상관없는 사람들의 안위까지 돌보는 슈퍼 우먼들. 그녀들이 없었다면, 지금 우리가 누리고 있는 것 중 대부분은 가능하지 않았을지도 모르겠다. 그렇게 고단하게 살아오면서도 웃음을 잃지 않고, 이야기를 잃지 않고 고등학생처럼 웃고 떠드는 그녀들을 보며 우리 자매들도 배꼽이 빠져라 웃었다.

다음 날 아침, 숙소를 떠나기 전에 한 번 더 노천탕을 방문했다. 온천보다 잠을 좋아하는 자매들이 아직 잠자리에 머물러 있는 사이 혼자 방문한 노천탕은 어제의 그 소란스러움은 온데간데없이 한산했다. 막 해가 떠오르기 시작해 하늘은 핑크빛으로

물들어 있다. 그 많던 이들이 다들 어디 간 건지 1인 1탕을 차지했다. 동생들 없이 혼자 온천을 하려니 어딘지 모르게 청승맞은 기분이 되어 사색에 잠겼다. 그러고 보니 혼자 영화를 보거나, 카페에 가거나, 산책을 하는 등 혼자서도 잘하는 것들이 있는데, 혼자 여행해본 적이 없다. 함께 하는 여행에서 하루쯤 혼자 다니는 건 좋지만, 오롯이 혼자 떠나는 여행은 하고 싶지도 않고, 앞으로도 계획이 없다. 아마 혼자 온 여행이었다면 그렇게 좋아하는 노천탕도 한 번 하고 말았을지도 모른다. 이른 아침 혼자 노천탕을 느긋하게 음미할 수 있었던 것은 나를 기다리는 사람, 돌아갈 집이 있기 때문이었다는 생각이 든다. 집은 공간이기도 하지만, 때로는 사람이 된다. 돌아갈 곳을 떠올릴 때, 나는 사람을 생각한다. 그래서 멀고 척박한 곳에 있어도 함께 하는 사람이 있다면, 제법 잘 살아갈 수 있다.

여행에서 돌아와 정해진 약속 장소로 가기 위해 지하철을 기다리는데 안내 방송이 나온다. 유아를 동반한 보호자들은 유아가 다칠 수 있으니 각별히 유의하라는 내용을 담고 있다. 노천탕의 아주머니들이 떠올랐다. 보호자뿐만 아니라, 이 지하철을 이용하는, 유아를 둘러싼 모두가 '노천탕의 푸근한 천사들'이 된다면 어떨까. "아가씨 여기 앉아요."라고 빈자리를 맡아주거나, "무거운 짐 이리 줘요. 내가 들어줄게요."라고 말하던 아줌마들. 모르는 사람에게 쉽게 자신의 곁을 내어주는 사람들. 누군가에게 잠시 잠깐 머물 수 있는 집이 되어주는 사람들. 그들이 있기에 이만큼 살 만한 곳이 되었다.

어떤 재료든 푸근하게 감싸 안는, 묵은지 말이밥

 냉장고에 언제나 떨어지지 않는 묵은지가 있다. 묵은지는 때로는 김치찌개가 되고, 김치볶음밥이 되고, 두부김치가 되고, 묵은지 말이가 된다. 묵은지로 만드는 요리는 어떤 것이든 맛있다. 이미 충분하게 발효되어 많은 걸 더하지 않아도 그 자체로 식탁을 빛낸다. 어디에든 잘 어울리는 묵은지는 노천탕의 아줌마들 같다.

재료
묵은지 1/4포기, 마스코바도 1큰술, 참기름 1큰술, 밥 2공기, 소이마요네즈 적당량

조리 과정
① 묵은지는 물에 씻어 물기를 꼭 짜서 준비한다.

② 묵은지에 마스코바도 1큰술과 참기름 1큰술을 넣고 조물조물 무친다.

③ 밥에 소이마요네즈를 넣고 잘 비벼 준다.

④ 묵은지 한 장을 펼친 후 적당량의 밥을 넣고 돌돌 말아 준다. 묵은지 한 장이 너무 작으면 두 장을 겹쳐서 깔아주도록 한다.

소이마요네즈 만드는 법
두유 50g, 현미유 50g, 식초 10g, 소금 1작은술, 마스코바도 10g, 두부 100g을 블렌더에 넣고 곱게 간다.

닫는 글

 영화 ≪모어≫의 엔딩 크레딧이 올라간다. 이일하라는 이름 옆에 '감독, 제작, 편집, 촬영'이 적혀 있다. 뭐? 감독도 하고, 제작도 하고, 편집도 하고, 촬영도 했다고? 순간적으로 "감독님이 혼자 다 하셨네?"라는 말이 튀어나왔다. 어떤 말은 입에서 발화되는 그 순간 '잘못된 말'이라는 것을 알게 된다. 이일하라는 이름 아래로 '혼자 다 한 일'이 아님을 증명이라도 하듯 많은 사람의 이름이 줄줄이 올라간다. 하나의 영화가 세상으로 나올 수 있는 것은 주인공만 있다고 되는 것도 아니요, 감독만 있다고 되는 것도 아니고, 각본만 있다고 되는 것도 아님을 새삼 깨닫는다.

 책도 마찬가지다. 작가가 글을 쓴다고 세상에 나오는 게 아니다. 1년 동안 책을 쓰며 알게 된 사실이다. 글에 등장하는 인물들, 나와 함께 삶을 살아준 사람들이 있어야 하고, 작가와 꾸준히 소통하며 글이 책이 되도록 편집해 주는 편집자가 있어야 하며, 책을 인쇄해주는 인쇄소의 노동자들이 있어야 하고, 마지막으로 글이 살아 숨 쉴 수 있도록 호흡을 불어넣어 주는 독자가 있어야 가능한 일이다. 그런 의미에서 이 책은 모두가 함께 만들어 낸 결과물이다. 표지를 그려준 박명, 책에 어울리는 향초를 만들어준 소화와 이 책이 세상에 나왔으면 하는 마음으로 책을 만들자고 이야기해 주고, 책을 만들어 낸 편집자 다님에게 감사의 말을 전한다.

 내 글에는 가족들이 많이 등장한다. 가장 가까운 거리에 있기 때문에 가장 오해하기 쉬운 존재라서 그렇다. 코끼리도 코앞에서 보면 그 크기와 생김새를 가늠하기 어렵듯이 가족도 그렇다. 매일 보고, 가장 오랜 시간을 봐왔지만 그러기에 눈앞에 있어도 제대로 보지 못하고, 수많은 말을 들어도 듣지 못하며, 가까이 있어도 좀처럼 가닿기 어려운 존재가 가족이다. 그래서 한 공간에 있어도 서로 연결되어 있다는 느낌이 들지 않고, 어딘지 모르게 데면데면할지도 모른다.

 내게 글쓰기는 당연하게 여기는 것에서 새로움을 발견하는 일이다. 흔하디흔한 소재도 한 사람의 삶을 관통해서 글이 되어 세상으로 나올 때, 새롭게 읽힌다. 나는 언제나 내 삶에 존재해서 너무 당연하게 여겨지는 그들을 글쓰기라는 필터에 통과시켜 보았다. 그러려고 의도한 것은 아니었지만 필터에 걸러져 나온 결과물이 내 예상에서 전혀 벗어났기에 즐거운 탐구 대상이었다. 당신의 삶에 등장해서 마음껏 오해하고, 실컷 멋대로 생각하고, 결론 내리는 걸 허락해 준 가족들에게 감사의 말을 전한다. 치열하게 나와 관계 맺어 준 그들이 있었기에 내 삶에 다양한 이야기들이 풍요롭게 흐를 수 있었다.

 나의 가족 안에는 혈연관계로 이루어지지 않은 사람도 존재한다. 바로 나의 연인이다. 글을 쓸 때마다 흔쾌히 첫 번째 독자가 되어주었고, 그 자체로 훌륭하다며 마음껏 나를 긍정해준 사람이다. 이 책에 수록된 글 중에는 혼자 쓰고, 읽다가 조용히 사라져버릴 글도 있었지만, 그의 응원 덕분에 세상에 나올 수 있는 글도 있었다. 앞으로의 삶에 어떤 변수가 있을지 모르겠지만 나는 그와 오래도록 함께할 것이라는 걸 안다. 그러기를 바란다.

 나는 알지도 못한 채 태어나 가족들을 만났다. 가족 구성원 한 사람 한 사람 내가 선택하지 않았고, 그렇기에 만약 그들이 물리적, 감정적인 폭력을 행사한다면, 내 삶을 파괴하도록 놔두지 않고 언제든 그들을 떠날 것이다. 나의 목숨이 위협받는 상황에서도 가족이기 때문에 어쩔 수 없이 함께하지는 않을 것이다. 그러나 법은 호락호락하게 나를 가족이라는 울타리에서 놔주지 않을 것이다.

 혈연관계에 있는 사람들은 아무리 벗어나려고 노력해도 법적으로 연결되어 있기 때문에 완전히 그들에게서 벗어나기는 어렵다. 반대로 법적으로 인정되지 않는 가족의 경우에는 내 일상의 많은 부분을 차지하고, 내 삶에 큰 영향을 끼치고 있음에도 불구하고 보호자가 필요한 상황에서 보호자로서의 권리를 행사할 수가 없다. 이제까지는 혈연관계에 있는 사람과 많은 시간을 보냈지만, 앞으로의 삶은 연인과 더 많은 시간을 함께할 것이다. 그런 의미에서 연인이 나의 보호자가 될 수 없다는 건 아무래도 납득이 가지 않는다. 혈연관계에 있는 사람들보다 일상적으로 나와 더 많은 대화를 나누며, 어떤 때는 나보다 나를 더 잘 아는 사람인데도 불구하고 그에게는 보호자로서의 법적 권리가 주어지지 않는다.

 가족은 복권처럼 운에 따라 결정되는 것이 아니라, 만들어가는 것이다. 혼인신고를 한다고 부부가 되는 것이 아니라 함께 살아가면서 부부가 된다. 가족도 마찬가지다. 불과 몇 년 전까지만 해도 나는 내가 돌아갈 곳이 없다고 생각했다. 버젓이 모부가 살아있고, 자매들이 가까운 곳에 있었음에도 불구하고 정처 없이 망망대해를 떠돌았다. 그들을 내 가족으로 받아들인 지 몇 년 되지 않았다는 말이기도 하다. 가족이라는 이름의 울타리 안에 속해 있고 많은 시간을 한집에 살았지만, 서로에 대해서 잘 알지 못했고 어쩐지 타인보다 더 멀게 느껴졌다. 그들이 내 가족이 된 것은 내가 나를 알고, 그들과 맺는 관계를 돌아보고, 그것에 대해 적극적으로 의사소통을 했기에 가능했다. 치열한 관계 맺기를 통해 비로소 가족이 된 것이다. 그로 인해 나는 내가 어디에 있든 안전하다고 느끼고, 언제나 돌아갈 곳이 있다는 안정감을 느끼게 되었다. 누군가에게는 아무리 자신을 들여다보고, 가족과의 관계를 돌아보고, 의사소통 해보아도 여전히 가족과 불통일 수 있다. 한 사람만 노력한다고 되는 것이 아니기 때문에. 그렇다면 가족이 될 사람을 내가 선택할 수 있어야 한다는 생각이 든다. 적극적인 관계 맺기를 통해 가족이 되기를 서로 약속하는 것이다.

 이미 가족으로 살아가고 있지만 동성 커플이기 때문에, 결혼하지 않아서, 함께 나이 들기로 약속 한 친구들일 뿐이니까, 필요에 의해서 함께 살아가는 것이니까 가족으로 인정되지 않는 가구 수가 1만 가구에 다다른다고 한다. 서로를 선택한 그들은 돌봄을 주고 받으며 가족으로 살아가고 있지만, 그 어디에도 그들이 가족이라는 기록은 존재하지 않는다. 보호자의 권리도 주어지지 않는다. 그들에게 가족이라는 이름을 붙여줄 의무가 있다. 우리는 이미 그에 대한 답을 알고 있다.

 법은 곧 '내가 여기, 이 사회 안에 살아 있다'라는 외침과도 같은 것이다. 물리적으로는 존재하지만, 법적 인정이 없다면 사회 안에서 나는 보이지 않는 사람이 된다. 세상에 존재하지만, 호명되지 않는 가족들이 생활동반자법의 입법을 통해 드러나기를 바란다. 다양한 형태로 존재하는 많은 가족들이 이 사회의 구성원으로서, 가족에 대한 논의를 함께 나누고 살아가기를 바란다.

2023년 2월 16일
채소생활자 재인

추천사

연인 참참

재인은 나를 먹여 살리는 사람.
나는 그의 밥과 말을 먹고 다시 살고 싶어졌다.

 어릴 때부터 누군가와 이야기 나누는 게 참 좋았다. 그래서 나는 나를 수다를 사랑하는 사람, 수다쟁이라고 소개하곤 했다. 이제는 이렇게 말하고 싶다. 나는 말을 먹고 사는 사람이라고. 건강한 말들을 충분히 섭취하지 못하던 시절에는 늘 아팠다.

 아직 함께 먹은 밥이 몇 끼인지 한 손으로 꼽을 수 있었던 어느 날, 그는 내게 심리상담을 권했다. 이상하게도 그가 하는 말들은 내 방어기제들을 쉽게도 넘어 마음에 닿곤 했다. 그렇게 같은 선생님께 상담 받으며 끝도 없이 이야기를 나누는 날들이 쌓여나갔다.

 함께한 여섯 계절은 평온하고 따뜻했다. 돌아보면 열두 살 이후로는 늘 무언가에 쫓기는 기분이었다. 좋은 날, 기쁜 날도 많았고 나름대로 열심히 웃으며 사는 것 같은데, 뭔지 모를 허전

함과 불안함은 쉬이 사그라들지 않았다. 옆을 둘러보면 다른 이들도 크게 다르지 않은 것 같기에 그러려니 했다.

 꼭 그렇지 않을 수도 있다는 것을 그를 만나며 처음 알게 됐다. 대체 무엇이 이십 년도 넘게 계속되던 불안을 잠재웠을까? 아무래도 그건 그가 내게 준 말들인 것 같다. 그렇게 꾸준히 먹어온 소중한 말들이 살아갈 용기가 되어 내 온 몸에 흐르고 있다.

 우리는 모두 밥도 먹지만 말도 먹고 산다. 밥은 많아야 하루에 서너 끼 먹지만 말은 하루에 수십, 수백 번 먹기도 한다. 달콤하고 자극적인 음식이 아무리 입맛을 잡아당겨도 여전히 그런 음식을 매 끼니마다 먹을 수는 없다. 내 몸이 지금 필요로 하는 음식은 자연히 맛있게 느껴진다. 미식가나 영양사가 아니라도 그걸 느낄 수 있듯, 지식인이나 심리학자가 아니라도 내게 필요한 말이 무엇인지 느낄 수 있다.

 달콤한 말, 자극적인 말들이 온 세상에 넘쳐날수록, 담백하고 진실한 이야기가 더 소중하다. 자신을 속이지 않고 삶을 재료 삼아 정성껏 차린, 혼자 맛보기 아까웠던 이야기들이 책으로 나와 기쁘다.

추천사

현 동거인 자매 이민정

 나는 재인의 요리를 먹고 사는 사람이다. 재인은 어느 순간 채식주의자가 되더니 요리를 하고 그 요리를 팔고 책까지 쓰게 되었다. 나는 재인의 요리가 나한테 직접적으로 어떤 영향을 미쳤는지는 정확히 알지 못한다. 하지만 불안한 시간을 지나 자신의 가치관에 맞는 채식 요리를 만들고 그 요리를 기반으로 자신의 스펙트럼을 넓혀가는 것을 보면서 나도 무엇이든 할 수 있다는 용기를 얻는다.

 채소의 계절을 읽으면서 나는 재인의 마음속 심해를 구경하는 듯한 느낌을 받았다. 바다의 온도는 재인의 마음처럼 따뜻해서 다치지 않고 실컷 탐방할 수 있었다. 그리고 어느 바다와 같이 내가 볼 수 있는 풍경보다 알 수 없었던 풍경이 더 많았는데, 그 신비로운 풍경들은 아름답고도 거대하게 다가왔다.

 독자분들이 잠시 재인의 마음속을 들여다보며 자신의 방식대로 놀다 갈 수 있었으면 좋겠다. 때로는 스노클링 하듯이 때로는 저 깊은 곳으로 잠수하듯이. 어떤 방식이든 간에 당신이 지나고 있는 계절의 속도와 온도에 맞춰서 말이다. 채소의 계절이 당신에게 즐거운 여정이 되기를 바란다.

추천사

전 동거인 초록

 안 미루는 사랑.

 답장받는 걸 미루다 보면 편지를 쓸 수가 없다. 편지를 써야 답장을 받을지도 모르기 때문이다. 답장을 받지 못할까 무서워 편지를 쓰지 않는 습관이 있다. 보내지 못하고 미뤄둔 편지가 수두룩할 것이다. 그렇게 편지를 미루고 마음을 미루다가 재인을 만났다. 모든 걸 미루는 나와 하나도 미루지 않는 재인이 어느 날엔 같이 살았다. 서울 시내 보증금 30에 월세 30, 배산임수의 투룸을 미루지 말자는 일념으로. 미루는 자가 유일하게 안 미룬 일이라고 할 수 있겠다. 친구도 연인도 혈족도 아닌 둘은 서로에게 '동거인'이 되었다. 재인과 한 식탁에서 밥을 먹으며 저만치 미뤄둔 것들을 코 앞으로 끄집어내는 용기를 배웠다. 편지를 읽는 일도, 답장을 보낼지 말지 선택하는 일도 수신자의 몫이라는 걸 배웠다.

 재개발이 확정되어 모두가 떠나는 골목에 무턱대고 들어온 여자 둘에겐 이쪽저쪽 터지는 동파이프와 계단에서 들려오는 쿵쾅쿵쾅 발소리, '부군 계세요?'라며 물어오는 재개발 조합의 퇴

거 인사가 함께했다. 책장을 공유하고 수건을 공유하고 김치를 공유했다. 그렇게 함께 먹고 자고 싸며 지켜본 결과 이 사람은 월세 보내기, 택시 잡기, 달리기, 잠자기를 미루지 않는다. 맛있는 거 맛있을 때 먹기, 재밌는 거 재밌을 때 하기, 쓰기, 읽기, 알기, 따뜻하기 추위를 잘 탄다, 동의나 공감 구하려는 마음 경계하기, 함부로 넘겨짚지 않기도 미루지 않는다. 이 사람이 미루지 않는 것 중 제일 잘하는 건 사랑하기. 그러니까 그 모든 사랑이, 그 모든 말과 밥이 글이 된 거겠지.

 어느 날엔 별거. 별거하고 나온 이 책을 보니 미루는 자의 장 내에는 안 미루는 자의 말과 밥이, 안 미루는 자의 글에는 모든 시간이 남았다. 안 미룬 밥 이야기가 글이 되고, 안 미룬 사랑과 사람들이 책이 되었다.

 하지만 안 미루는 자도 미루는 것이 있을 것이다. 재인의 옆에서 안 미루는 사랑을 배우며 재인이 미루는 걸 들여다보고 싶다.

이 책을 후원해 주신 고마운 분들

ㄱㄴㄷ순

가치쓰제이	김가을	김정혜린	더날	박민영	베지요니
간단남	김다솜	김지언	도나	박선영	베지줄리아
강민선	김동민	김지향	동만이	박소연	변아영
계절의움직임	김동은	김해리	동쪽	박소연	보노
강지민	김민주	김현경	람피	박영미	보미
경하씨의	김선아	꽃사미로	럭키마니	박예린	보배
영원한후원자	김성린	나성시경	류송아	박옥연	빌리
고래꼬리	김성원	나직	리미	(딸경희)	산골마을푸우
고마	김소슬	나현정	마크로비오틱	박은주	샐리
고미송	김수영	남수지	비건식탁오늘	박의빈	서란숙
곽경화	김수진	녕이님♡	마하언니	박준하	서풍골
구민선	김수진	노수빈	망고찐빵밥풀	박채린	선의
권영숙	김영화	노연서	모모라	박채은	설경숙
권은아	김유나	노을구름	모아	박현주	세라
권혜진	김유리	놀궁리	무늬	박혜린	소휘
권효경	김은정	느루	문하영	박혜현	손보경
귤(임)	김은지	느티나무	미래누나지현	박효정	솔거
귤(이)	김이진	어린이도서관	박기완	박희진	수잔
긍정초이	김정민	다정민정	박내현	방주원	수진
기린	김정한	달	박도경	배한솔	스눙
기숙	김정현	달품	박미림	배현희	신동주

신은정	올록볼록	이은정	제비	최민영	황은진
신이나	우리언니점빵	이정유	조미선	최유정	황인선
신정민	우현주	이주연	조미정(미료)	최자영	황정아
쏭	유광명	이주영	조민기	최정원	희원
아마씨	유선재	이주인	조성재	최진남	babonoom
앎	유이분	이채린	조재	칸딘	catcher9348
애먼	유자	이태한	조하	테일러	charlie
앵초	유정	이현경	조혜정	파랑	EELYUC
양또동	유혜진	이현정	종합재미농장	프라우킴	hoho
양털	윤양근	이혜은	주연	하냥농부	Iahn
양혜린	윤이레	임선미	지안	하딸	khyhyhy
어진사람	은희	임주희	지연	하얀달토끼	meloria choi
엄유주	이구연	임혜진	지우너	한경희	Min
여름	이근영	자주돼지	지인희	한미숙	MOON
영해녀김우주	이다정	작은 숲	진주영	한승혜	Qoon
예원	이로운	장주희	진진	한아름	RABUNPAPER
예지	이민경	전민선	차슈	한영섭	reaismoi
예하	이범용	정미연	차혜미	해나	roussa
오건	이소	정세비	참참	헌ol	Starlight
오로민경	이수련	정아림	채민아	헤르미네	Sun
오로시	이수민	정인	책빵고스란히	호영	timeofvege
오와	이순주	정지금	책한그릇	홍민지	Winterose
오혜진	이영선	정채민	청송	홍보라	Wolfy
옥리단국수	이용경	정하	초록테이블	홍정민	ye9da
온도	이은정	정현아	초롱	홍종인	ZOZNO

비록 안개에 가려 산이 보이지 않는다 해도
저 너머에 산이 존재한다는 사실을 아는 것처럼,
뒤돌아 보지 않아도
언제나 사랑이 존재하지.

베지쑥쑥

출판사 베지쑥쑥은
서울시립대학교 비거니즘 동아리에서 시작되었습니다.
생태, 비거니즘을 이야기하는 책을 만드는 1인 출판사입니다.
너와 나, 자연을 잇는 연결고리가 되고 싶습니다.
@vegssbooks

채소의 계절

ⓒ재인, 2023

초판 1쇄 발행 2023년 02월 28일
초판 2쇄 발행 2023년 10월 31일

글과 사진	펴낸곳
재인	베지쑥쑥
디자인과 편집	펴낸이
유다님	유다님
표지그림	주소
박명	전남 곡성군 죽곡면 삼태길
인쇄	출판등록
영신사	2019년 11월 7일 제2019-000046호
인스타그램	전자편지
@vegssbooks	db_eksla@naver.com

이 책은 식물성 콩기름잉크로 인쇄했습니다.
콩기름잉크는 휘발성 유기화합성분을 되도록 적게 써 자연과 인체에 덜 해롭습니다.
이 외에도 종이가 재활용될 때 잉크와 종이의 분리가 쉬워 재활용이 용이합니다.

기후위기 시대, 기후를 보호하는 재생종이로 만들었습니다.
한국간행물윤리위원회가 인증하는 녹색출판 마크를 사용하였습니다.

표지: 30% FSC 재생펄프, 70% FSC 인증펄프 (무염소표백, 환경부 친환경인증)
내지: 20% 재생펄프 (환경부 친환경인증)

ISBN 979-11-968701-6-4 13810
＊책값은 뒤표지에 있습니다. 잘못된 책은 구입한 곳에서 바꿔드립니다.
＊이 책은 저작권법에 따라 보호받는 저작물이므로 무단 전재와 복제를 금합니다.